活过明天，才能拥有一切

中国电商企业家的创业之路

《卖家》◎编著

ZHEJIANG UNIVERSITY PRESS
浙江大学出版社

目录

第二章　谁说传统企业玩不了电商?

第三章　创新,改变这个世界

第四章　　活下来的人才可能拥有一切

第五章 转战四方，不变的是互联网情怀

活过明天，才能拥有一切：中国电商企业家的创业之路

你，生当其时

在公元 2044 年，你能想象在 2014 年成为一个创业者是多么美妙的事情吗？在 2014 年，全都是未开垦的处女地！你几乎可以随手抓一个品类，简单地给它装上一些人工智能的元素，就能把它的信息放到云端发布了，这些设备甚至只需要搭配一两个传感器就能上市了。消费者的预期很低，进入行业的障碍很低，先行者总会占得便宜。面对一个这样的时代，生活在几十年后的创业者们一定会长叹一声："哎，要是我们早些意识到原来有那么多可能的机会该多好啊！"

做出这样的畅想，我要借此告诉你的事实就是：现在，2014 年就是在互联网产业里开创新天地的最佳时机。可以这么说，要想发明点新东西，现在就是全世界有史以来的最佳时机。一切秩序都在被颠覆和重建，人类文明从来没有经历在像今天这样一个奇怪、疯狂却又充满创造力、想象力、冲击力的时代里。

从来没有哪个时代能够为新的发明创造提供比现在更多的机会，更开放、更低的进入壁垒，更高的收益/风险比率，或是更大的上升空间。

自有文明以来，全世界人类的平均 GDP 从公元零年至 19 世纪 30 年代，1800 年以来几乎没有增长，始终大致徘徊在美元 400 元左右，一直到第一次工业大革命之后，这个数字开始激变。科学技术的革命将人类从固定的生产资料（土地）中解放出来，获取了无限的可能性，更何况继工业革命之后掀起了一拨又一拨的生产力解放狂潮：第二次工业革命、计算机革命、互联网革命，直至 2014 年移动互联网的革命。

另外一件可描述的事情是，突然之间绝大多数的人生形态简单地成为两种：职业经理人与创业人。

先说创业人。如果你敢向自己承诺，愿意拿出人生最黄金的 10 年、15 年，甚至更长的时间，决定玩这个游戏，愿意损失生活的乐趣，甚至可能付出健康，这就是创业。艺术、文学、政治、经济都是创业的舞台，它适合于任何不甘平庸，愿意承担风险亦愿意为他人创造价值的人。

对不起，以上我做不到。那么作为职业经理人，你也可以追随如司乔布斯或者马云那样的创业人，一样"千里烟波楚天阔"。只不过，要实现职业经理人的全垒打，需要被上帝发到寥寥可数的好人牌，跟对老板且他运气足够好。

"走，创业去"，成功就像挂在树枝低处的果子一样，它在等待那个疯狂、勇敢的梦想家来摘取它们。

当我们把创业这件事无限扩大，上升到"是创业还是平庸"这种高度时，说实话，我多少有点良心不安，如同一个不会做饭的美食家点评米其林餐厅，一个臭文人怒斥国产电影拍得多么没有水平。只是，作为一个记者，我们不小心运气好得要晕过去，经历了互联网与电子商务的黄金 10 年，采访和探索过大量创业形态和冒险家们。在路上，我们途经了最聪明的头脑和最纯朴的内心。

　　我想告诉你的是,你可能没有意识到,今天的你正站在一片广阔的处女地跟前。现在,是人类开创全新历史的最好时代。

　　你,生当其时。

恩　雅

《卖家》执行主编

第一章

网络创业时代

赵迎光
我是被聚光灯选择的

2012 年 11 月 12 日零点,位于山东济南一处灯火通明的办公室里一片沸腾,几十位员工兴奋得几乎跳起来:"守住了!女装第三!"

虽然已经连续作战 48 小时,但一线员工疲倦的神情一概被喜悦淹没。一些活泼点的员工簇拥着走向赵迎光,本就憨态可掬的老赵,非常配合地跳了一段无伴奏江南 Style 骑马舞。

在 1 小时 38 分钟之前,韩都衣舍刚刚超越纳纹、欧时力、Only 等一众专统品牌,成功进入类目前三甲。在这场威力巨大的天猫网购狂欢节中,进入 TOP 3 本不是赵迎光的计划内目标,所以无论是团队还是他本人,都有些意外之喜。他笑眯眯地站在手举香槟庆祝的员工中间,摆出了不少"耶"的姿势。

在赵迎光的创业马拉松中,这也许算不得是志得意满的时刻。才刚放下香槟酒,赵迎光就坐回电脑前查看店铺情况。1分钟后,市场部的负责人被叫过来,理由是茵曼和裂帛在大促后迅速更换了店铺模板,而韩都却没有。"我们也准备好了,但还没来得及换,这个时间没必要这么快吧……"市场部同事小声嘟囔着。"一旦有用户在乎呢?我们要珍惜每一次在客户眼前的表现,能快一点儿总没坏处。""细节控"老赵,果然不是虚传。

从2008年创立韩都衣舍开始,仅仅用了4年时间,韩都不仅成为淘宝和天猫平台女装类目的人气TOP店铺,改良后的买手制模式更是蜚声圈内,难有敌手。人们也许会好奇,这背后的缔造者,究竟是一个不断打破、重建的完美主义者,还是一个心有沟壑、厚积薄发的野心家?

"我只是朝着自己喜欢做的事情一直使劲儿,而且我熬得住。"在赵迎光看来,如果一定要形容,他可以算是一个现实的理想主义者。

前 戏

把时钟拨回2012年"双十一"当天。

还不到凌晨,赵迎光就带着十来位公司中高层出现在距离济南20公里开外的齐河盖世物流中心,给现场数百名调来加班加点发货的员工鼓舞士气。

凌晨两点多,例行动员结束,老赵驱车回家稍作休息,然后在公司内部的QQ管理群中监控着市场部发来的数据。到中午时分,韩都衣舍位列女装类目第六名。由于既定目标仅是类目的七八名,且没打算死磕名次和业绩,赵迎光十分气定神闲,还截图发微博鼓励类目前两名的裂帛和茵曼。

如果剧情照此发展,虽也激荡,但也仅仅是常规的纪录片。只是,生活的剧本往往出乎意料。下午一点左右,随着茵曼CEO方建华那通著名的神秘电话打来,赵迎光的"双十一"剧本被彻底地改写,转而成为年度励志催泪大戏。"即使有再大的压力,我们也要向前冲,拼了!"赵迎光的微博如是写道。在接下来的10个小时里,女装类目排位战高潮迭起。而最终,韩都衣舍后程发力,成功逆袭进入三甲,也就出现了文章开头的一幕。

但赢了被视作互联网品牌荣誉之战的赵迎光,表现得甚至还没有方建华兴奋。他更像是完成了一场忽然加试的赛事后松了口气,只是说:"还挺有意思的,是个亮点。"

是的,这才是赵迎光。不会被鸡血乱战冲昏头脑,亦很少因为外力打乱节奏,能用10年的时间扶植理想,是因为他的守弱持重,而不是表演时刻的灵光一现。

14岁学习计算机,1995年接触互联网,2002年在eBay开店,2008年自创网络品牌。看似"很互联网"的履历背后,赵迎光毕业后的第一份工作却是在政府背景雄厚的外贸企业任职。第一个择业选择,让赵迎光动心的并不是稳中有升的金饭碗,而是外派韩国分公司的机会。5年之后,赵迎光已经在公司占据一席之地,而同事们都知道,赵迎光要创业。

虽然早在2002年就从eBay尝到了开网店的乐趣,但促使赵迎光真正下决心做一家品牌网店的则是韩国时尚在线网站Tricycle。2011年,该网站的交易额为25亿元人民币,已经成为韩国最大的B2C网站。而在赵迎光初识它的2007年,Tricycle还是韩国一家主攻线下的快时尚女装公司,刚起步做网络零售。跟其社长进行深入沟通之后,赵迎光所在的韩国分公司获得了 Tricycle 的服装订单,其多款少量的供应链模式让赵迎光眼前一亮,暗暗觉得找到了做服装电商的方向,这或许也正是韩都衣舍后来做买手制服装的雏形。

兴趣是互联网零售,方向也基本确定了。那么,赶紧辞职创业大干一场?

赵迎光却并没有这么做。

杀 器

赵迎光当然有好胜心,但只用这个词又不足以形容。起码,在自认天资平平的赵迎光看来,要赢,不一定要正面交锋,倒是可以想想如何突围。

大学时期的他,不算韩语系最厉害的学生。努力学了半个学期后,他发现自己还是成不了专业第一。那么,该怎么办?他开始利用课余时间泡机房。两年以后,韩语不错、计算机也不错的赵迎光,成了综合实力优秀的毕业生。

"我会结合环境和自身的优、劣势很冷静地分析:如果单靠我的努力是否就一定能拔尖?如果不行,那就要想别的办法。"这种务实理智,多少源于他从 7 岁开始就跟着母亲做生意的耳濡目染。从幼儿园教师转而下海做生意的母亲,从事过很多行业,饭店、书店、水产品、冷饮……赵迎光从母亲的身上开始明白生意是怎么一点点做起来的,也学到了怎么快速切换行业。但是,创业伏笔深埋多年,却迟迟不见赵迎光出手。只因为,他认为自己尚无胜算。

2007 年,淘宝网交易总额(GMV)突破 433.1 亿元,成为中国第二大综合卖场。其中,服装类目跃升为平台 TOP 1 的销售品类,超过了当年北京市所有亿元大卖场销售额的总和。同样在这一年,想做服装品牌但又缺乏设计师资源和团队的赵迎光摸索到了快时尚女装的脉搏。但为了确保不冒进,赵迎光兼职开了一年网店,在 2008 年完成 300 万元销售额之后,才在 2009 年选择辞职,全心创业。

后来的情节大家都很熟悉,韩都的业绩连年数倍翻番。到 2011 年年底,累计会员 500 万人次。铺设覆盖全网渠道之后,韩都在非淘宝系平台依旧是热卖女装品牌。

很多人不解:"在山东济南,相比北上广深,各方面资源都不占优势,凭什么做成'韩都'?"对于这个问题,伴随着与生俱来的创业危机感,赵迎光思考了 5 年。在艰难的竞争环境下,更要有自己独特的东西。如果跟别人一样,你凭什么胜出?

赵迎光的杀器,正是他从创店开始就着手打磨的买手小组。

在很多个公共场合,赵迎光都事无巨细地跟同行们分享过这个商业"机密"。韩都衣舍的买手小组制是一步步成长起来的。最初组建的 50 人买手团,仅仅充当选款师的功能,以保证每天数百个新品的发布。但赵迎光并不满足于此,他开始培养买手独立经营、自负盈亏的意识。公司给买手一定的初始资金,买手决定生产的款式、数量、颜色和尺码,盈利后则可以跟公司分成。截至 2014 年,韩都衣舍已经拥有了 200 余个产品小组。

"互联网品牌的三大能力,一是产品开发能力,二是视觉传达能力,三是市场推广营销能力,其中最核心的是第一个,也是韩都最大的潜力。"赵迎光估算过,一家网络品牌想要完成 10 亿元的年销售额,一般只需要 30 个组、大概 100 人的开发团队就足够了。而韩都衣舍在 2012 年年底就已经拥有了 300 多人的买手团队,这一度让投资韩都衣舍的 IDG 大呼看不懂:"你要这么多人干什么? 20 个小组就够了,你为什么要养上百个呢? 养到什么时候是个头?"

养兵千日,用兵一时,赵迎光深谙此道。2012 年下半年,韩都衣舍陆续上线了女装高端品牌 Souline(素缕)和童装品牌 MiniZaru,完全没有额外推广的子品牌,从开店起就迅速产生销量,这无疑正是得益于成熟的买手机制,老将带新兵,裂变速度极快。

任何一家企业做单品类的单品牌,肯定会遇到天花板,只是时间早晚而已。从 2011 年开始,一些天猫原创品牌陆续试水子品牌。赵迎光的打法同样是做多品类的多品牌,大家的竞争门槛集中在产品开发团队。想做出有评论、有口碑、传播速度很快的互联网产品,不仅需要天赋,更需要不断积累对互联网消费者的理解能力,而韩都衣舍积累的小组正是赵迎光手中的一把好牌。"我们的 DM 杂志、IT 系统,都是按照支撑多个小组的模式来做的。再加上产品端能力,只要有方向和定位,演变成多个子品牌水到渠成。"

认准一件事儿,死磕,即便付出了更多的成本和心血,但赵迎光很庆幸自己的坚持。

同 道

处女座的赵迎光习惯心无旁骛,感情、事业都认准一个方向,交朋友尤其是。靠着精挑细选后的专一,如今韩都衣舍的五大合伙人,也都是他的多年好友。从做 eBay 时期开始,赵迎光就开始给朋友们普及电子商务知识,作为各自行业的佼佼者,很多朋友并没有贸然辞职创业。但七八年来赵迎光坚持身体力行,持续浸淫电商外加"洗脑",终于陆陆续续吸引到了四位志同道合的伙伴。

找人,最看重什么?赵迎光画了两个圈。核心层就是他的合伙人,主要分管产品、财务、供应链和人力资源等。核心团队稳定之后,再到第二代中层,在这一层竞选中,评委已经是一支队伍,"我们五个人一块儿看,从各自不同角度,基本上挑出来的人不会太差"。对自己的管理情商,赵迎光是这么评价的:"我真的不觉得自己厉害,但我最厉害的就是知道自己不厉害。合伙人都比我优秀,名利上我会尽可能给他们尊重(四位合伙人的股份加起来超过 30%),我只在乎能不能做成事儿。"

有一个韩都衣舍员工公认的结论,赵迎光不偏激不强势,非常愿意给下属试错机会。他曾在微博上发过一段心得:"遇到跟下属意见不一致,而且经过讨论仍然不能统一意见的时候,怎么办?很简单,先判断一下这个事情,是不是致命的,比如下属要求一起从 10 楼跳下去,那就坚决不干。如果不是,就按照下属的意见去办。这样会有两个结果,如果下属错了,他会获得经验,不断成长;如果下属对了,那他就是人才啊,要重点培养!"

但是,这并不意味着赵迎光是一位心慈手软不作为的管理者。2010 年 5 月,在当年的派代年会上,他提出的人才"过河拆桥论"一度引发了轩然大波。在赵迎光看来,创始人对店铺要有长远的规划,在过程中除了不断吸引人才,还要对不合适的员工勇于淘汰和放弃。"'慈不掌兵',不能因为顾虑某个员工感受而不顾团队发展。但我说的这个'桥',不会一下子就拆掉,我会跟员工谈,告知他不适合现有的职位,给他换岗的机会,基本上我会给他两三次机会。"

实践下来,不合格员工迁移岗位的效率很高。而对于濒临淘汰的员工来讲,要么适应了新岗位,要么提前另谋出路,即使最后一拍两散,也不会对公司产生较大的反抗情绪。正是这种鼓励创新又不失淘汰的机制,使得韩都衣舍一年以上员工的流失率很小,低于5%。

初衷

电商在多大程度上改变和重塑了你?

面对这个问题,赵迎光很冷静地说,实际上没有。

"做 eBay 每天卖几十块钱,一个月撑死 1000 块钱,当时大家都瞧不起,我为什么坚持?我就是喜欢在网络上做生意这个事儿。后来做韩都,一开始也没啥起色。我的同学和朋友,不说瞧不起吧,但总会说你好好的工作不干,开个小店还那么兴奋。这种状态其实不容易。所以,能做到今天,并不是我期望的,或者说我根本不知道有今天。但话说回来,即使没有今天,韩都只有十几个人,我还是会坚持做,和规模没有太大关系,因为我就是喜欢这个。"

可是,不可否认,电商和韩都衣舍给赵迎光带来了从未想过的成就感,甚至责任感。比如,同行会说你代表互联网品牌必须冲到前三。又比如,很多老乡会很一腔热血地支持说,"你象征着山东电商"。被投射到聚光灯下,赵迎光不累吗?

"能做到今天,我觉得自己运气好,但这并不是我做这件事的初衷。聚光灯打在我身上,那我就努力表演呗。但如果有一天聚光灯打不到我了,不打就不打,我也没求这个,我没有失落感。"

十年一梦。赵迎光的理想正在成为更多人的理想。但清醒如他，其实已经看淡输赢。跟人们印象中高调激烈的赵迎光不同，无论是否被镁光灯选择，他从来都不曾改变过努力的方向。

（文 ｜ 吴慧敏）

淘品牌的并购与布局多品牌

赵迎光 口述　吴慧敏 整理

韩都衣舍身为淘品牌之一,很了解卖家的局限性。虽然2012年已经有几家淘品牌的年销售额过5亿元,规模并不算小,但就像一个十几岁的年轻人也可能拥有一米八的个头那样,淘品牌颇有点"成人的身材,孩童的大脑"的意味。若论及成熟的品牌公司,淘品牌其实还没有真正成型。

淘品牌并购和传统行业的公司并购,在本质上没有大的区别。首先,看体量。一家非常大的公司并购一家非常小的公司,比如说年销售额数亿的公司并购几千万级别的公司,操作起来也许问题不大;但如果体量差不多,那么难度还真不小。其次,再看文化层面。虽然淘品牌作为一家公司的文化积淀还有待完善,但约定俗成的做事规定或者说风格还是具备的,而且往往直接决定了业务部门的执行走向。如果一家强势文化的品牌并购了一家弱势文化的品牌,在后续磨合中也可能相对顺利;但如果两个都很强或者说一个都不强,也会有潜在问题。文化冲突会导致员工的价值观冲突,继而导致在业务执行上很难达成共识。

基于这些层面的考虑,不妨看看在2013年年初闹得沸沸扬扬的裂帛收购天使之城的案例。那显然不是很成熟。如果公司的企业文化积淀、业务流程尚未十分成熟就做并购,多少有点冒险。裂帛和天使之城的品牌各有特性,在公司内部的工作文化上未必相融。裂帛是典型的设计师品牌,天使之城则更像一个买手制品牌,说句玩笑话,如果是韩都衣舍收购天使之城，从业务层面来看更为合理，因为买手制公司对品牌的容忍度较高。不过既然裂帛作了这样的选择，他们肯定也有过内部多次的反复考量，到底出于什么原因，旁人也很难知道。

说白了，并购表象背后，重点还是各个淘品牌的一个战略部署。现在女装淘品牌排名前几的商家，都需要开始部署一个 3～5 年的发展规划。只不过，大家的部署策略不太一样。韩都衣舍的品牌组合策略是"三品牌＋子品牌＋合资品牌"，2012 年主要衍生子品牌，从 2013 年开始尝试投钱跟韩国一些品牌做合资，作为这些品牌在中国市场的代理销售。裂帛和茵曼走的则是"主品牌＋子品牌＋并购（收购）品牌"的路子，除了并购品牌的动作之外，他们自身也都会有各自的子品牌，裂帛有"非池中"，茵曼也推出了高端品牌"生活在左"。

路子不同，但其实大家各有难度。比如韩都衣舍孵化子品牌，这些品牌需要从零做起，虽然内部兼容性好，但需要更多资源的扶植，可能速度也会较慢；裂帛、茵曼分别采取的并购方式，兼容性方面挑战较大，但因为收购品牌的市场份额本身不低，而且在消费者受众中享有一定的知名度，可能速度会更快。

在互联网做品牌，会逐渐趋向两极化。小而美的品牌肯定是存在的，顶级品牌也是有的，中间的品牌却是比较缺失的。既然我们几个都成了具备相当规模效应的品牌，肯定希望保持一定规模继续前进。但总体而言，不管是我自己还是其他品牌，在互联网同时运营多个品牌的难度，肯定是小于传统品牌在线下做多品牌的。

说到淘品牌的多品牌布局，还可以多说几句。这个事情如果要做，就必须建立在公司有健全的人才梯队，产品端、运营端都有充足团队的基础之上。韩都衣舍算是部署比较早的，人才也很多，但做子品牌还是略微感觉产品端的人员欠缺。再比如,之前麦包包、七格格很早就尝试做子品牌,但后面其实做得不算特别好。其实这个方向肯定是没有错的,关键就是要看自己有没有完善的组织架构和人才储备。

单品类风格的单品牌,肯定是有瓶颈的,出现的时间点则要看品牌本身的一个成长速度。这一两年发展越快的碰到天花板就越早。比如说你去年做 5 个亿,2013 年做 10 个亿,2014 年可能就得做 20 个亿。提前布局多品牌战略是很有必要的,只是方式、方法的区别。对于一家企业来说,逆水行舟,不进则退。近几年来,电商的各项成本都在提高,规模有序增长才可以摊薄成本。

如果一定要做并购或收购,我会先想清楚:为什么要并购?这个企业有什么成长性,对自己公司有什么意义?我跟对方的长项是什么,是否能优势互补?被并购的公司缺的是什么,我能提供吗?以韩都衣舍的子品牌素缕为例,这个团队设计能力很强,但管理不行,人才也欠缺。刚好我们主品牌擅长管理,也有人才储备,那就让原先的团队专心做产品,毕竟,管理是通用的。

李晓军

艺福堂，做中国立顿

在淘宝搜索花茶或茶具，排名靠前的总有艺福堂，这家茶叶类目的淘品牌，就位于龙井茶乡杭州。但你肯定想不到，让其打开市场的并不是绿茶，而是花茶。

艺福堂的掌门人李晓军是一位 80 后创业者，家里世代贩卖茶叶，因此他对传统茶叶市场的交易环节知根知底。虽然从茶农收购过来的茶叶只有十几元一斤，但最终到市场已经翻了几十倍。这种传统茶叶在销售环节上的弊端，激起了其在网上创业的决心。但网购主力军的年轻消费者并不是传统茶叶的主要消费人群，因此李晓军以年轻态的花茶为切入点，在形成店铺知名度后，又扩张其他品类，单品牌多店铺路线在一步步前进，最终他的愿景是艺福堂能与国际茶叶品牌"立顿"比肩。

第一章 网络创业时代

摒弃传统

李晓军的家乡是安徽省芜湖市峨桥镇，这个小乡镇并不产茶，却是安徽最大的茶叶集散地。靠山吃山，从他爷爷那辈开始，李家就经营着贩卖茶叶的生意，这让李晓军自小对茶文化耳濡目染。

但是，当大学毕业后的李晓军也决定继承祖业，在茶叶生意上创一番事业时，家人却无不反对。原因略显无奈。只有做一行才知一行的苦，他父母深知茶叶生意利润微薄，父辈做了十几年规模未见扩大，收入仅够养家糊口。好不容易将儿子培养成一个大学生，就是想让他去大城市闯闯，成就另一番事业。父辈不想卖茶叶了，这倒好，儿子反而来劲了。

其实，对于茶叶消费市场的怪相，李晓军也琢磨过。首先是作为网购主力军的年轻人不喜欢购买茶叶，偏向于茶饮料或是袋装茶。显然年轻人喜欢便捷的东西，日常饮品以可乐、果汁、咖啡等为主；即使喝茶，喝的也是罐装茶饮料，或是袋装，立顿旗下各类茶包的走红就是很好的说明。自1993年进入中国市场后，立顿的销售额一直在增长。"既然一个国外的袋装茶能在中国那么受欢迎，我们这样一个茶文化那么浓厚的国度，原创品牌也一样会有市场。"李晓军知道袋装茶一般选用的茶叶质量并不好，之所以能走红是因其冲泡方便，包装时尚，符合年轻人的口味。因此茶叶并不是不受年轻人欢迎，而是缺少一些符合年轻人喜好的元素。

此外，除了消费人群外，茶行业的价格市场也十分混乱，这在业内是公开的秘密。在传统的茶叶交易链中，茶叶贩子将从茶农那里收来的茶,卖给市场,再由市场卖给茶企。茶企将包装成成品的茶叶下放给各级分销商,再卖到消费者手中。此时的价格已经翻了几倍至几十倍不等。且茶叶有多种维度划分,如按等级可分为"特级"、"优级",其中的价格区间也没有明确界定;茶叶又以地域为区分,如西湖龙井、安溪铁观音、信阳毛尖……如此,导致市场上对茶叶的认知都停留在地域上,而非品牌商。

更有一种不良风气是"炒茶"和"礼品风"。饮茶作为国内的一种文化,大众也乐于将茶叶馈赠亲友或领导,这就给商家制造了商机,市场上充斥着各种包装精美的礼盒装茶叶,多为天价。而这些茶叶贵就贵在包装上。李晓军给记者算了笔账,一年卖出6000万元的礼品茶中,1000万元是茶叶采购加工费,4500万元是给拉单子业务员的回扣,毛利也只剩500万元,还要除去人工、场租等成本,净利润少得可怜。但这其中从茶农到消费者中的价格起码涨了10倍以上。

缩短茶行业的各种交易环节,让消费者直面最低价,是李晓军最初的创业构思。而能实现这一想法的,就是摒弃传统的销售渠道,走电商渠道。

花茶突围

李晓军说:"大学毕业那会满脑子想着创业。"他从新闻中得知淘宝网在杭州,而杭州的西湖龙井又闻名遐迩。于是2006年大学一毕业,他就揣着1500元踏上火车,开启了去杭州的创业之旅。当时的他只有一个念头,不成功就不回去。

那一年,李晓军在杭州闸弄口附近租下一间8平方米大的砖头房。花900元买了一台二手电脑拉了网线,用150元交了房租,口袋里几乎不剩钱。进货怎么办？本着懂行、够专业，他从两头抓：一边去茶叶交易市场"谈判"，跟商家商量好有订单就从这里拿货；另一边去龙井茶山附近找茶农"谈判"，谋求以最合理的价格收购茶叶。

凭借货源价格优势，艺福堂以龙井茶打开了市场，但是再要往上，李晓军又拼不过真正有茶园或是供应商的品牌型店铺。归根到底，此时艺福堂还是倒卖茶叶的。

真正的转机出现在品类扩充上。李晓军注意到，不知从何时开始消费者非常喜欢喝花茶，像玫瑰、柠檬、洛神花等特别受女性欢迎。他盘算着，花茶的价格比龙井便宜，且卖相还时尚，又符合网购年轻人的需求，何不尝试下？而这一试就让艺福堂在茶品类目中打响了名气。现在，原有的龙井绿茶的销量反倒靠花茶来反哺。

在以花茶为切入点成功后，李晓军想的是如何扩大销量规模。这与许多做单品品牌的店铺类似，在某一细分领域站稳脚跟后，随之而来的是走品牌扩张的道路。此时就又回到了消费者对茶类品牌只记种类或产地，缺少产品品牌印象的难题。因此，他绕过产品品牌，从渠道品牌着手。以奥特莱斯、IT等渠道品牌为例，它们将一些优秀的品牌产品选到自己店内，形成一个店铺独有的系列产品。奥特莱斯是名品折扣店，IT是时尚潮牌汇集地。而艺福堂的目标是成为汇集各种茶叶及茶具、茶食品等与茶有关产品的渠道品牌。

确定目标后，2010年，李晓军对店铺进行了扩张，除原有的总店外，另开设花草茶店、传统茶叶店、礼品盒店、茶食品店、茶具店，共计6家天猫店铺，在其他线上销售渠道也以此形式进行扩张。依靠艺福堂在前期积累的品牌影响力，以及各家店内的互链，几家店实现了同步发展。"站在消费者角度，一位女士自己喝的是花茶，给老公或是父母也可以带点绿茶，看到有专门适合泡花茶的杯子是不是还要来一套？"李晓军说，这就是旗下各家店铺关联销售的逻辑。有数据显示，店内成交的客户均以多单为主。

全盘如何皆控

同为早期淘宝茶叶类目的卖家谈及艺福堂时直言："李晓军胜就胜在把握住了时机，上线早；品类准，先做绿茶再做花茶，又以花茶带动其他品类。全盘操控是其长处，但这样也会存在风险。假如有家店专攻某一细分类目，一定能在该领域击败它。"

其实，线上的茶叶卖家整体规模都不大，但就农产品而言这已算是发展快的了。茶叶品类突出的问题在于很多企业"大而不强"，或者"强而不大"，艺福堂就有点"大而不强"。

这一危机，李晓军也感觉到了："规模有了，但是品牌效益并不明显。"品牌是其心中的一个痛。在采取了店铺品牌战略后，李晓军仍不忘将"艺福堂"三个字推出去。虽然是在网上做生意，但是他十分注重线下推广，在一些茶叶书籍和户外广告上做品牌宣传。这一做法能引来多少买家无法评估，但这让艺福堂在业内有了点小名气，同在杭州某网商圈内的卖家说："一方面是他看到了喝茶的人更习惯传统传播渠道，另一方面也与品牌建设的布局有关。"

除了品牌对外的宣传外，李晓军对企业内部也进行了梳理。最初在多店铺管理上他采用的方法比较简单，一家店一个团队负责，如此各店之间缺少沟通，而且一些人员的技术也没有很好地相互利用起来。"比如，同为茶叶大类目下的花茶和传统茶店，两家店在运营推广上是有共通之处的，礼品茶店也多以绿茶为主，在品类上有重复。"调整运营思路后，李晓军按品类对部门进行了重新划分，将相同的品类全部交由一个运营总监管理。目前的运营团队分为：运营一部、二部、三部，分别管理淘系的茶叶类产品销售、茶具和衍生品销售，以及淘外的多平台业务。另设研发部，主要负责产品研发、对新产品的开发以及产品质量的控制等。而对每个团队的考核都是具体落实到用户：新客户的增长量和服务质量。

电商讲究快和高效，这就会使商家忽视了产品的本质。李晓军设立产品的研发部，是想真正从卖货到做品牌转变，能够将触角伸向茶叶生产的后端。同行都知道，艺福堂目前在努力拓展茶叶原产地，这在同行看来是有风险的。因为，如果不注重在一个品类上的话，很难做精。而以艺福堂现在的"大模式"细分品类来看，全品类要做精的话需要大量的人力和精力。

无可厚非，李晓军是淘宝最早做全品类茶叶的卖家。当年最早做茶叶的，都只是盯着自己的地域特征来做，比如安溪铁观音、云南普洱等，不具备强大的整合能力。如果现在要有一个能撼动艺福堂的品牌必须是全品类整合的商家。

这样的商家线下有，但尚未大规模开展线上业务。不过三年后，传统的大佬企业必会上线。资本市场现在也很看好茶叶，李晓军已经接待过几家风投公司，但都只是洽谈而尚未确认是否要接入资本。未来，还是要看谁能兼顾产品与服务，向品牌之路迈进。此时的品牌，才是李晓军心中的"立顿"。

（文｜张浩洋）

【对话 BOSS】
做生意，要从消费者的角度出发

Q：你谈到艺福堂是个店铺品牌，还没形成产品品牌，那么，在你心中什么样的产品能算得上产品品牌？

李晓军：我觉得产品品牌有一些标准，简单、标准化、认知度高。我们目前也在试点产品品牌，可以肯定的是产品一定是站在消费者的角度考虑问题，定位要精准，且要挖掘出产品蕴含的价值。

Q：有考虑过往线下发展吗？

李晓军：在线下我们开有体验店，主要是让消费者去线下体验产品的。未来可能会考虑加强线下的发展，但目前的核心在线上。

Q：您有比较钦佩的企业家吗？

李晓军：马云、宗庆后等我都钦佩。宗庆后是我的企业导师。他跟我说过一句话让我印象深刻。他说，企业能赚到钱不是因为这个企业的领导聪明，也不是这个企业产品足够打动人，而是消费者觉得你这家企业不错——把他们"服侍"得舒服了，打赏你的。我觉得这话十分形象。做生意一定要从消费者角度出发，一切的产品和服务都应该以满足消费者的需要为主导。

茵曼，每一年的经营都是创新和跨越

2013 年 11 月 11 日深夜 23 点 59 分，时针与分针无限接近重合。广州，海珠区创意产业园，有人正在用高分贝话筒喊倒计时："5、4、3、2、1！"

大银幕上的数据终于稳稳定格，120697781 元。就在不到 3 小时前，马云刚刚结束与茵曼总部的视频连线，让人不由得联想起曾挂在茵曼创始人兼 CEO 方建华办公室里的那幅画：画像上的人脸，半边是马云，半边是方建华本人。

方建华说，百年品牌最重要的不是活过百年，而是当历史属于你的时刻来临时，能够改变世界。

在方建华长达 15 年的创业履历里，一次次与环境、习惯、人生的对弈时常上演反转戏码。1998 年辞职创办服装加工厂，2005 年在阿里巴巴"触网"开始做外贸生意，2008年投身电子商务创立女装品牌茵曼，2011年开始砍掉原有的外贸业务，专注做茵曼品牌……每一步，都是险棋，却又暗藏玄机。

旁观者迷，当局者却异常清醒。

"同时做太多事情，腰会痛，我总是把精力专注在一件事情上。"方建华如是说。就像下棋一样，清楚自己的想法，规划好步调，走向胜局是迟早的事情。

开局

"一个人在幼年、青年时代受到的磨炼，是他一生中最宝贵的财富。"方建华毫不避讳自己并不漂亮的学历背景和出身条件。

今天，周围的人评价方建华是一个执着而谨慎的创业者，甚至有一些死磕。创新和颠覆是他的口头禅，所以多年以后，他依然把敢于做第一个吃螃蟹的人作为他企业文化里的第一条。当然，创新不等同于盲目，前提是他的商业嗅觉能得到响应。

从商之前，只身从江西老家来到广州的方建华刚刚大学毕业。此前，生活上的不安定让他从小便开始自食其力，卖冰棍、卖年画，冒着被保工处抓到的风险"流窜"在各个学校卖学习生活用品。他一直认为，与服装结缘也与他的家庭背景和很早就养成的生意头脑大有渊源。

方建华从服装学院毕业后的第一份工作是就职于一家日资服装企业。一次偶然的机会，他结识了一个台湾大客户，借助于与这个客户的多次合作，方建华辞职创办了服装加工厂，从小批量代加工、代设计到逐渐代理该客户八成的生产业务。

生意虽然顺风顺水，方建华却有了别的想法。作为棉麻制品的爱好者，他看到很多国外消费者对生活品质更有追求，热衷于棉麻服饰。如果能自己创建一个专门生产棉麻服装的品牌，让更多人享受原生态的自然和舒适，这才是理想中的品牌含义。

2005 年对于方建华来说是他的"电子商务元年"。这一年，马云在广州召开了第一届网商大会。当时，方建华的服装加工厂已有几百人规模。会议结束之后，方建华加入了阿里巴巴诚信通，很多外贸客户通过 B2B 渠道找到他，订单渐渐多起来。当养家糊口不成问题时，方建华想起了曾经的梦想。当方建华第一次提出要做一个年龄定位在 25 ～35 岁的女装品牌在网络上售卖时，很多人讲他是疯子。彼时，大家做电商主攻的对象都是 18～22 岁的小姑娘。

在这之前，方建华其实已经想得很清楚。基于多年做线下服装和外贸生意的基础，对服装行业的本质和供应链都了然于胸，他反复强调："茵曼不是一家电子商务公司，而是一家沉稳而简单的服装公司，抓住服装本质，包括产品质量和设计要求将是最核心的竞争力。"

然而，做生意没有通用的法则。

棋局才刚刚开始。

正 着

做决定，除了要面对自己内心的挣扎，还要面临周遭人的不理解。可对于这次的选择，方建华早已做好准备，就像象棋中的"正着"，非下不可。

在 2007 年到 2008 年间，中国的网购事业飞速发展。

其中，2007 年甚至可以被称为中国 B2C 历史上的转折点。这一年，淘宝网交易额达 433 亿元，并决定筹建淘宝商城。在外贸经历着两次金融危机冲击的同时，淘宝商城的日均成交额达到 400 万元。也正是在这一年，茵曼品牌运营中心成立，方建华的互联网生意就这样开始了。

与传统服装加工或者外贸代加工都不同的是，这是一片全新的土壤。但在接受新事物的能力方面，他从来都给自己打满分：第一次用诚信通的国际站服务的时候他还不会讲英文，甚至不会使用网上银行。"我是整个海珠区第一个使用网银的人，要下载证书、控件再安装，我跟银行的工作人员研究了三天才搞懂。"

作为品牌商入驻当时的淘宝商城，让这个传统的服装生意人既忐忑又兴奋，更多的却是庆幸，"你今天不创新，明天就有人把你吃掉"。

虽然彼时外贸整体态势不景气，但由于一年前方建华把公司位于珠三角的大部分生产线迁移到江西内地，从而降低了产业内耗，保护了成本优势，广州总部只设立产品研发、采购、营销等部门。因而，在金融海啸影响下大批珠三角服装企业倒闭的时候，他却让公司能够生存下来，并迎来公司史上最漂亮的年度财报。

然而，这个时候谈转型，鲜有人能够理解。面对层层的阻力，方建华决定不动用公司资源，只是向线下仓库借了一批 300 万元的货，并且工工整整地记在公司财务的账面上。

同时，转型后的成本投入发生了极大的变化。做传统外贸服装生产的时候，成本主要来自于面料和员工的人工成本；而做零售品牌商，直接面对消费者，营销成本大大增加。除了产品和人工成本，很大一部分开销用来推广、引流。但是作为新晋的线上品牌，自然搜索和知名度本来就低，这个钱必须得花。

此外，做外贸时，货做完马上整批发往国外商家，仓储和物流成本很低，做零售却不一样，从品牌商直接到消费者，需要更大的仓储面积和更高频的物流成本。

2009 年、2010 年是最艰难的两年，茵曼每年的亏损都达到了 300 万元以上。此时的方建华心里也急，但依然表现得十分淡定、从容，"我对我的员工说，我们在平稳地发展，电子商务是不会错的"。

据方建华回忆，当时自己精神上没有垮，所以才有希望迎来转折。到了 2011 年，茵曼的销售额终于达到千万元级别，但对老方来说，这还不是松口气的时候。

"当时公司还在做外贸加工厂，分两条线路走，精力就不够专注、不够聚焦，我们一定要认清我们的核心竞争力是什么。"由此，方建华决定砍掉经营了十几年的外贸业务。当然，这个决定也是经过了长达半年时间的测试和考虑的。把线下的库存放到商城卖，结果很快卖光，说明了电子商务的威力，与此同时，外贸业务虽也能一年净赚几百万元，然而由于大环境的影响，做起来已经相当艰难。

"现在看来，我这个决策是对的，如果当初没有砍掉那部分业务，就不会有现在的茵曼了，或者是被甩到十名开外了。"方建华说，这是他创业生涯中至今为止作过的最正确的决定。

这招险棋，又走对了。

入局

做生意，很多时候是跟自己博弈。电子商务尤甚。只盯着对手比，容易陷入低价、爆款竞争的漩涡。

但是对于淘品牌阵营的保卫战,方建华却从不松懈。2012年"双十一",那通著名的打给赵迎光的神秘电话,叫醒已经睡下的老赵,为韩都衣舍导流量。还有2013年联合了同为女装淘品牌的裂帛和阿卡投放电视媒体广告。这些举动让人们不禁好奇,毕竟是竞争对手,方建华是真心的吗?

"守住战略地位很重要",方建华认为,目前各淘品牌是一条绳上的蚂蚱,面对传统品牌的攻势,示弱就会让用户的观念和线上资源更多倾向于传统品牌那端,对自己所处的阵营非常不利。

2013年"双十一",天猫女装前五名除了一家是传统品牌,余下四家都是淘品牌。而在前十名之中,也首次出现了一家叫初语的品牌。

方建华说"双十一"当天有三个时刻他最兴奋:一是单品牌破亿的时刻,二是茵曼冲到女装第一,三是集团另一个女装品牌初语进入前十名。

茵曼对初语的并购发生在2013年年初,这也标志着其集团化运营的开始。初语的创始人沈忆夫妇是方建华认识了三四年的老朋友。作为一家原创设计师品牌,初语的整体风格与茵曼相近,但是又更加年轻,不乏潮流的设计元素,这对于茵曼来说,在产品和年龄结构上都是很好的补充。并购的协议几乎是一拍即合。

对于初语未来的发展,方建华也想一步一步来。"初语目前量级还不大,现在最重要的是把基本功练好,未来1~2年的目标就是把规模先做起来,才有更好的品牌溢价。"方建华说,在2014年集团将进行多品牌、多品类的战略,不仅会开设高档女装品牌"生活在左",还会在女包、女鞋、配饰等类目开出商城店。

相较过去在内部供应链体系、仓储体系、团队建设上花更多的精力，方建华已经开始思考整个公司未来几年的发展战略。而可喜的是，时至今日，公司从基层开始就很扎实，这让他少操了不少心。

　　对于公司眼前的成绩和未来的战略规划，方建华也有一番自己的感悟："一个公司的成功不是看眼前的三五年，一时的成功不能代表一辈子的成绩。"

　　在员工眼中，方建华总是满电状态，他会鼓励员工尝试新的东西、新的想法，哪怕会犯错也不要紧。如果不是当年做外贸的时候，一个文员在上班时间逛淘宝还跟他大聊特聊，引起了方建华对网上卖东西的兴趣，也许就不会有后面这么多的故事了。

（文｜范越）

【对话 BOSS】
淘品牌是齐心协力在战斗

Q：茵曼"双十一"夺冠，销售数字与备货相差巨大，原因是什么，库存如何处理？

方建华：服装行业是"看天吃饭"。相较以往冬天，2013年气温偏高，冬装销量不理想，较去年少 5％～6％，客单价被拉低，一下子就是几千万元。加上整个大盘的流量没有预期乐观，4.5 亿元的备货，刨去 7000 万元面料，实际是 3.8 亿元现货，卖出 1.2 亿元，余下 2.6 亿元库存，压力虽然有，但难度不大。目前，茵曼除大活动外平日日均销量可达 150 万元，年前卖掉 2 个亿不成问题，冬装过了年还可以继续卖。不是处理，而是正常卖。

Q：集团化运营是未来电商领域的发展趋势吗？

方建华：我认为是必然的趋势。第一，集团化经营可以做到资源共享，提高资源能效，降低成本；第二，各团队人才上有竞争，可以共同进步；第三，在流量上也可以共享，降低引流成本，降低供应链的成本。比如文艺女青年的收入提高时，也会有穿高端产品的需求，那么就可以买"生活在左"，这就是典型的互相补充。

Q：在您眼中，淘品牌相互之间是什么关系？比如您去年号召淘品牌联合起来保卫前三，是真心的吗？

方建华：其实，淘品牌之间合作的关系更多，无论是下面的团队还是创始人，更多的是融合，而传统品牌之间一般都是死对头。大家目前还都是齐心协力在战斗，不是你死我活的关系。当然，比肯定还是会比，不想当将军的士兵不是好士兵，不想比就等于没有拼搏精神，而且我们都代表淘品牌的力量，争第一是很正常的。从连续三年互联网女装零售品牌进入"双十一"前三强，证明这些品牌已经登上了新时代女装主流品牌的舞台。

活过明天，才能拥有一切：中国电商企业家的创业之路

【延伸阅读】

玩味网购高端女装

王晶菁　陈晨　文

以史为鉴而知兴替。

2013年,淘系品牌以一则"裂帛并购天使之城"的消息震动业界。其实,之前淘系已有多起并购事件,只是声势并未如此浩大。如茵曼并购初语,韩都衣舍并购某淘宝设计师店铺,升级成主打东方设计风格的品牌——素缕。

过去一年的并购潮,正式拉开了那拨规模和资历都足够强大的淘系品牌的多品牌战役。

转眼来到2014年,这场战役再次升级。2014年2月,裂帛推出高端品牌——莲灿,客单价均在千元以上;1个月后,茵曼紧随其后推出"生活在左",同样打着高端品牌的旗号,同样"不惜成本只做最好的衣服"。

彼时,茵曼刚确认获得阿里巴巴和IDG的A轮投资,品牌估值过亿美元,并有消息称其2016年左右启动IPO计划。

忘记"平价"、"买手"、"组货",互联网品牌正在酝酿一场脱胎换骨的升级战。

随之而来也有人提出了质疑,从下而上的道路走得通吗? 毕竟,有太多鲜活的案例走在前头,如美特斯邦威的ME&CITY,凡客的V+。为何还要做高端品牌? 茵曼创始人方建华在其微信公众账号上进行了解答:做真正对得起高价的高品质产品,消费者市场需求已然形成。

是啊，如今的网购主力人群，已经不是当年那群奔着低价而来的中低端人群，这从天猫占据越来越高的市场份额就能窥见一斑。

不断攀升的客单价，网购交易总额的提升，蛋糕摆在那儿，就看商家如何下手。

高端，是时候了吗？

从销售质优价廉的产品积累用户，到反向整合供应链，组建设计师团队，再到品牌营销和推广。时至今日，互联网品牌无论从销售体量、原材料使用、品质保障，或是供应链反应，都能与传统品牌所匹敌。

裂帛创始人汤大风总结了以女装为代表的互联网品牌所经历的三个阶段。第一阶段，网络渠道中充斥着假货或劣质商品，以个人卖家为主；第二阶段，网络零售到了大批量阶段，卖家有了选款的意识；第三阶段，卖家逐渐有了自己的品牌属性。而接下来，这种品牌属性将进入一个更加多样化的时代，如会有定制形式，出现无数个小型设计师品牌，呈现个性化的存在。"莲灿就是基于此诞生的品牌，只满足某一人群的喜好。"她这样形容目前的大环境：消费者的网购需求促成了淘品牌的产生，也让厂家有了品牌梦，借助供应链优势，以性价比获取用户，形成品牌培育的可能。另一方面，互联网也不再是传统品牌的下水道，而是其销售渠道的延伸。网购平台将成为国内孕育服装品牌的诞生地。

以裂帛、茵曼、韩都衣舍为代表的互联网品牌正是在这样的环境下产生的，且一步步迈向成熟。他们旗下均有多个子品牌。以韩都为例，自 2008 年开设淘宝店至今，旗下已有 7 个子品牌，从风格上分有韩风系、欧美系、东方系，涵盖了女装、男装、童装、中老年装等细分品类。这其中的品牌裂变有一部分是源自公司规模化发展后扩大市场份额的需求，另一部分也是随市场需求产生。其创始人赵迎光说，韩都的模式是小组制，其核心是对市场需求的快速反应，每个小组就像市场探测器一样，获取当下主流消费人群的喜好。"因此我们在扩充品牌的时候，都是参照市场需求而定。"

赵迎光将多品牌战略归结为两种轨迹：横向切是细分品类，如男装、女装、童装等，也就是韩都目前的模式；竖着切是按消费市场定位，低端、中高端、高端。

目前，韩都旗下几个品牌均定位中高端，相对价位较高的就是2013年并购的原创设计师品牌素缕，平均客单价较主推的韩风时尚品牌 HSTYLE 高出几百元左右，但还不至于有太大的差距。他认为高端品牌的创建是建立在有优秀运营能力的团队基础上的，"有人了自然会往高处走"。但其实近几年来，韩都的整体市场定位已经有了很大的变化。

"最初我们走甜美风，现在会成熟一些。"赵迎光说，这是由网购的核心消费人群决定。早几年，网购兴起时，爱淘货的大多是在校或是刚毕业的大学生，白菜价的公主风是她们热衷的；事过境迁，学生妹变成都市白领，对服饰的选择也会要求有品牌、有品质，最直观的表现就是"有价格"。

如此一来，品牌商自然要抬高身价，往高处走了，只是这种转变是潜移默化的，并非一蹴而就。当然，抬高的前提是品质提升，并非虚价。"在我们印象中一些成功的品牌扩张案例是从高端往低端发展，但其实最初都是从低端走向高端，再由高端走向低端。"赵迎光认为竖向发展的品牌裂变都有如此一个抛物线的轨迹。

原有业务步入正轨，高端人群如此诱人的肥缺，谁都不想错过。现如今现场需求有了，就看谁能抢占先机。相较韩都的整体提升，裂帛和茵曼的步伐更为激进。

2013年年初，茵曼开始筹备高端线，前期做了较多调研，并以茵曼·唯品系列做测试，最终销售数据为2000万元。相比品牌原有25～35岁的消费人群，唯品系列的年龄层偏高，普遍为28～35岁，月收入在2万元左右，职业为白领、作家、自由职业者等。这群人就是后期茵曼推出高端品牌生活在左的目标客户。"我们发现，随着客户年龄的增长，对生活品质的要求越来越高，她们有获取高端产品的需求，把这部分人群分割出来，单独成立一个品牌就是生活在左的由来。"方建华说。

据悉，生活在左一件单品的均价大约在1000～2000元，但拥有此种购买能力的消费者毕竟是少数，纵观整个网购市场，多数人群的购买力还是在百元左右。韩都根据数据统计预估出来的2014年女装主流客单价在190元左右。开辟新领域必然有风险，市场培育需要过程。

"我跟小风几年前就想做高端品牌，裂帛已经形成了自己的客户群体，且有分层，消费能力春夏装从100～300元，秋冬装从100～600元。现在想再拔高一些，特别是在面料品质上，做一些自己也爱穿的产品，于是就去做了。"几个品牌创始人中，裂帛的大、小风姐妹最具设计师情怀，因此，其莲灿的诞生也带着一股洒脱冒险的精神。"我们的客户已经买得起高价商品，而自己也喜欢用好面料做成的东西，就去做了，顺其自然。当然有一定的冒险精神，不去想有没有人埋单，只想尝试着做了再说，裂帛不也是这样做起来的吗？"

多品牌的战略棋局

无论品牌如何扩张,都是一盘多品牌战略的棋局。横切还是竖切,向上还是向下,是成是败,都离不开整体布局的思路。

在现有的规划中,裂帛每年会推出一个新品牌。目前已有裂帛、非池中、天使之城、Lady angle、所在、莲灿 6 个品牌。汤大风和汤小风专注于各品牌的产品和设计,姐妹两各负责 3 个,汤大风把这个称为"玩"。

在比较长的一个时间里,裂帛是作为单品牌存在的。时候未到,互联网品牌需要很长的学习时间。"比如学习优衣库的库存管控,ZARA 适应市场的供应链快速反应机制。还有品牌宣传的基调、企业管理、用户体验等都要去探索。"如此日积月累,做扎实后,才开始多品牌战略。

多品牌的探索就是各个渠道之间的互动。"很多人会质疑我们怎么做天使之城、Lady angle 这种类型的牌子,但我觉得还蛮成功。从原来的买手品牌转型到现在的设计师品牌,成长性非常好,这注定了集团整个文化是多元的,不会说要去把某个渠道打通,也不只是单独做个闭环,线上线下的路都是必须要走的。"汤大风形容裂帛拥有的 6 个子品牌就像小生态圈。莲灿是裂帛衍生出的中高端线,后期天使之城、Lady angle、非池中也会衍生出各自的高端线,再加上周边的配饰类品牌,形成小金字塔体系。

莲灿的诞生与非池中有些类似,两者都是小众设计师品牌。"网上男装品牌要不是商务休闲,就是运动风,尤其在韩流还没来袭前,有板型贴身剪裁的男装品牌几乎没有。市场缺少野性不羁的设计师品牌,于是就有了非池中,至少我们家男人能穿了。"做莲灿也是这样的思路,它是姐妹俩亲自操刀的第三个品牌,汤大风认为不能等到市场大热了才切入,要做就先迈一步。而且在品牌进程中,非池中与莲灿都不会像裂帛那样快速成长,需要慢慢培育。

莲灿从启动到选面料、打板制样筹备了6个月,延续了公司小投入做尝试的原则,前期投入资金几百万元。首批上架的都是大、小风亲自设计的样款,秉承小批量生产的原则,后续最多一款的定量也只控制在1000件。设计师团队的组建也是由大、小风亲自把关,与另一位设计总监一起挑选人员组成团队,进行产品体系规划。汤大风对设计师有较高的标准,比如设计师要苛求细节、能把握好板型、深爱民族风、色彩不能太张扬但要有感觉等。

"设计师也有很多种类型,有些适合天使之城,像一头小鹿,从平时的穿衣打扮就能看出来。有些就适合莲灿,他们想到要做就特别兴奋,有这么多面料选择的空间,虽然一时还不见得有多大盈利,但还是敢于尝试。"

于是,在莲灿的产品中会有不计成本的产品出现,真丝、羊绒等价格高昂的材质就成了惯用的面料。需要手工制成的工艺也很多,目标就是打造具有民族风的高端设计师品牌。"如果说裂帛是女孩,莲灿就是女人。"汤大风细细描述着她的想法,从板型到面料再到拍摄,更加"高端大气上档次",适合出席正式场合,仪态优雅;汤小风在拍摄样片时选的模特都是以国际化为标准的。

自2014年2月17日上线,首月莲灿完成了27万元的销售业绩,日成交额在1万～2万元。"半个月不到的时间能有这样的表现,我觉得挺好,符合我的预期,之前定的全年KPI也才一两千万元。"言谈间,汤大风流露出了欣喜。

到 2014 年 4 月,莲灿总计上线 40 款产品,在做产品企划时,是以 1∶4 的比例设计的。比如,最初设计了 40～50 个款式,上架的却只有 10 多件。比起裂帛,其步调要慢很多。用汤大风文艺的说法,就是不以快速增长为目的。"像在旅途中,你看到一朵花,喜欢的会在它边上跳舞、小憩,不喜欢的掉头就走。所以真正喜欢你的人会留下来并积累,莲灿的客户很多是与裂帛一起成长起来的,没有做很多推广。种子种下去,要慢慢发芽,耐得住寂寞,不能指望一下子就看到整片花园,没有功利心才可以。"

茵曼的多品牌战略则是围绕着集团整个棉麻生活圈的规划。"我们只为这一群客户准备产品。茵曼是棉麻文艺风,初语是清新潮牌,生活在左是高端用户的简约风格产品,三个品牌是一个大圈里面,用户是分年龄、生活层次、需求。从初语到茵曼再到生活在左,受众的年龄慢慢增长。"方建华说,茵曼要做的是圈起不同年龄的一群人,让这群喜欢棉麻风的人在不同的年龄阶段都有所选择。

与莲灿的从设计师喜好出发的作风不同,生活在左更注重消费者需求,即 C2B 模式。无论是前期唯品系列的测试,还是在执行过程中设计师团队与消费者的互动沟通,都是为了了解消费者的喜好。公司从日本、澳大利亚等地聘请设计师组建团队,共计 30 人左右。他们会泡在专门组建的用户 VIP 群里,与客户聊面料、聊设计元素、聊尺寸裁减。"生活在左比茵曼更大的突破在于我们一开始就接触消费者,设计师直接与客户沟通,它并不是针对大众人群,而是对生活有更高品质要求的人群。"超乎预期,生活在左上线首日的销售额就有 10 万元。

"服装行业真正能体现一件商品的价值,不仅是品牌的溢价,还要回归到商品的本质,质量、材质、工艺才是高性价比商品的核心。"方建华认为服装会有两种"唯一":一种是服装搭配,每个女生都想搭配出不一样的个性风格;另一种是设计师的原创设计,具有不可复制的唯一性,能真正体现服装设计的格调价值。生活在左的 Slogan 是无法复制的手工。"不可复制的手工意蕴有:第一,这个品牌的衣服是围绕着手工来设计的,手工元素不可复制;第二,每个女生都有自己鲜明的个性特点,无论是生活方式还是思维所想,都是不可复制的唯一。设计师需要把握住这两点,让每款产品都有手工元素,加入真皮、真丝等天然材质作为配饰提升价值。"

无疑,其生活在左品牌运营的核心是产品,这与传统概念中互联网品牌重营销推广的思路相左。旗舰店上线前,只在天猫和社交媒体做了一些预告,并无大肆推广。"广告宣传也不是一分钱不投,而是更精准。一方面转化茵曼本身的高端用户,另一方面拓宽天猫和外网渠道,积累新用户群体。"方建华强调,生活在左比茵曼的其他品牌更注重利用社会化媒体与消费者互动。比如,微信的公众账号,做好优质内容的传播,以前是要求一篇文章要将品牌的所有优点都讲完,现在想着如何一篇文章把一件衣服的工艺说透,将其制作过程还原,包括需要多少工序,设计师前期的准备经历了多少次的推翻重来,以及首批试穿者收到衣服后的惊喜,对纽扣、缝线等细节的感受等。"只有将这些过程全部展现了,故事说好了,消费者才能明白其价值所在。"

作为网购女装的另一代表,韩都衣舍的多品牌战略较为明晰,按成长性和年销售额将品牌梯队划分为种子品牌(年销售额 5000 万元以下)、成长品牌(年销售额 5000 万至 1 亿元)、成熟品牌(年销售额过亿元)。2014 年的规划是种子品牌有 2 个,成长品牌 2 个,成熟品牌 3

个。在组织架构上,种子品牌尚处于孵化阶段,由一个虚拟的团队运营,小组成员是兼职运营该品牌;成长型品牌则会成立事业部,将产品和市场独立开来;而进入成熟期后,品牌将以子公司的形式来运营,配齐相应的行政和财务进行独立核算。

旗下的素缕品牌就已经成立了子公司,经过1年多的磨合(和素缕团队正式确立并购意向为2012年5月,天猫旗舰店12月8日上线),2013年整体销售业绩超过7000万元,2014年预计完成1.5亿元以上。

在赵迎光的规划中,按照每年培育2个种子品牌的节奏,到2020年韩都共有20个子品牌,人员规模6000人以上(现在员工2000人以上)。如此规模化的扩张,他已经将韩都作为一个互联网品牌孵化平台的模式在操作。而这种品牌扩张模式,与韩都的模式基因"小组制"有莫大的关联。

外界只知道韩都有个神奇的"小组制"模式,但不知道这个模式的背后是赵迎光对PK精神的追崇。"PK的好处是让每个人的所得利益相对客观,小组为了获取业绩也会更努力。"建立小组制模式的初衷就是能PK出好的产品,优胜劣汰。

经过3年的摸索,这种模式也在不断优化升级,且基于往年各小组运营数据的参照对比,现在小组制的运营规划更显成熟,风险把控能力也更强。具体表现在人员配比、产量预估、整体运营能力提升、团队开始裂变等方面。首先,人员配比从最初的5人缩减至3人,分别负责产品款式、视觉文案、生产订单管控。其次,根据此前的销售数据支持,能对每个季度的产品需求和产量进行预估。比如,今年的销售目标是20亿元,根据现有小组的运营能力判断能完成18亿元,那么剩下的2亿元需要几个小组完成,这样就能制订出较为明确的招人计划。而随着整体组员运营能力的提升，一些优秀的组员可以提升为组长，带新人来操作一个小组，如此一来成长速度会更快。

小组制的好处显而易见，而赵迎光也着了它的魔，除了要在产品和运营进行 PK 外，市场部门和行政部门也要进行 PK。但 PK 是建立在同一维度基础上的，于是就有了多品牌战略，女装部和男装部 PK，即使具体数值不同，可根据增长率来体现。

假如要再深入一步，韩都能有如此成熟的运作模式，还基于其两个核心价值体系：供应链体系和信息化系统。对于供应链的管控主要体现在产能的预留上，能精确地告知工厂启动生产的时间和量，唯一不确定的是产品的具体款式。但这不妨碍工厂做产能预留的准备，而选用的面辅料是公司产品企划提前做好的。赵迎光道出产品企划的真谛，能将整季产品的量、面辅料、色彩趋势、款式组合等作出预估（建立在此前数据积累基础上）。一组货品的面辅料是不会变的，款式的变化是拼接和印花工艺的区别。如此，公司可以提前准备好面辅料，销售时机一到就给工厂下单。如每年下半年的下单时间是 10 月 15 日，因为要准备"双十一"大促。10 月 15 日之前可以根据用户的购物车和收藏夹来判断款式的选择。目前韩都每季产品都会预留 20%～30% 的产能，做后期调整。

以此也可看出，数据支撑对于产品企划的重要性。韩都的信息化系统主要是对各小组相关数据的统计和分析，如售罄率、销售情况等，类似于公司内部的数据魔方。各小组能第一时间看到当天的产品销售情况，从而调整销售规划，并且能查看到全店当日销售最好的产品是哪些，从而作出调整。这套信息化系统的建立，让韩都能对各小组的销售能力进行预估，从而科学地规划出每年的销售计划。

有了这两大核心体系后,韩都在进行品牌扩张时,只要把握住新品牌的产品即可。"按品类扩张,决定了每个品牌的产品特性不同,对产品的了解是无法复制的。"赵迎光说这也是为何韩都在选择并购品牌时会考虑对方团队对产品的认知度的原因,如素缕是设计师品牌,创始人本身对产品风格和制作工艺有很深的认识;2014年刚收购的中老年女装的创始人夫妇,在该领域也已经运作6年以上,资历较深。

市 场 培 育 漫 长

有句话说"品牌从高往低容易,但从低往高走太难了"。互联网品牌要往高处走,必然会遇到困难。"我现在最大的困难是缺少人才,缺少有高端品牌经验的人才,市场、管理的人才,而懂高端品牌工艺的人就更少。"汤大风说。

汤大风坦言,几乎把所有猎头网站翻了遍,能找到合适的设计师少之又少。比如,某传统品牌的设计师原来是做牛仔裤的,对牛仔裤的工艺非常精通,但对其他产品的认知就稍弱,且货品组合能力也一般。互联网品牌设计需要有很强的包容性和落地能力,与传统品牌不一样,要有很多产品系列,比如这周波西米亚,下周就要中国红,一个设计师需要全品类地去做。"而且我不能满足纯手绘的形式,要看到拍照后的样子,这就要求有很强的图片编辑能力。我见过大牌的设计总监、高级首席设计师,但他们在这方面的能力都让人有点失望。所以,在裂帛待满一年的设计师,都会变得很厉害,有很强的综合能力。"

另一个摆在汤大风面前的难题就是供应链。品牌高端了,整体供应链的制作工艺、流程都要调整。莲灿上线前对供应商进行了多次筛选,分品类地去找 Burberry 等国际品牌的供应商,牛仔裤、羽绒衣、羊绒衫等,找到行业内的高手来做。但是由于品牌刚上线,产量不大,一些供应商会因为产量太小不接单。这就需要又一轮说服和坚持的过程。

"裂帛每月上新 200 款,莲灿每月只有二三十款,十分之一的速度,差太多。"虽然如此,大风还是想把地基打扎实,未来实现定制化服务,而开线下店也是必然。

高端品牌需要漫长的培育过程,所以大风对莲灿的年销售额目标只定了 2000 万元,方建华对于生活在左更是没有任何业绩要求。"跟当初做茵曼一样,不去管外界的评价。我自己都不知道能不能做好,只是坚定一个信念,纯粹地做下去。"

尝试后,他们更清楚地意识到网购的高端市场尚处于萌芽的状态,需要有人投身并引导。告诉用户为什么要买高端产品,为什么这个品牌比其他的贵,把贵的理由说出来,完成教育和培育市场的任务。或许,正是因为他们都是互联网品牌的领军者,才要扮演马前卒的角色,开路试水。

第二章

谁说传统企业玩不了电商？

钟 涛
七匹狼电商三年爆发式增长

"这一世,电商缘尽至此,我还好,你也保重。"

钟涛发出这条微博时,王菲那条著名的离婚微博仅仅发布出来3小时。和七匹狼电商短短16字的分手信,让很多电商人怅然若失。有人立即留言"电商界出走了一颗明星",有人感慨"你也离开了电商,不相信爱情了",而更多人是"祝好运"。

辞藻之间,电商忽然多愁善感。

钟涛接手七匹狼电商时,后者年销售额仅500万元。2010年暴增至1.3亿元,2011年进击3亿元,2012年则迈入10亿元俱乐部。到了告别的2013年,七匹狼前8个月销售额已轻松突破10亿元。回首过去3年,初遇时,狼崽尚幼,嗷嗷待哺;别离时,狼群已成,各领风骚。

孩 提——双 线 运 营 术

2009 年,钟涛在特步短暂停留,随后接手七匹狼电商。当时,后者电商总部设在厦门莲岳路,老板指着总部楼下的一家七匹狼的会员店,告诉电商部的 13 个年轻人:"你们自己拿一些货卖吧,这些货就是你们的库存。"

这是钟涛来到七匹狼的第一幕景象。

当时的七匹狼根本不知电商为何物,"就叫新渠道部吧",大家也不知道方向在哪里,每天的工作就是从楼下拿货、拍照、上传。

"局面的改观是到了第一次'双十一',当时销售额一下突破了 50 万元。"这个成绩拿到今天来说并不起眼,但要知道当时七匹狼线上线下却还没有一家店铺能做到这个数。

这个对电商而言的特殊日子,激发了集团内外所有人对电商的想象。

但此时,七匹狼依然是白纸一张。传统企业建立线上销售体系,2009 年可没有多少模板可供参考。按照七匹狼线下"旗舰店—主力店—工厂店"的模式,钟涛脑海里翻滚着的是如何在线上复盘七匹狼,于是他将线上对应地分为"旗舰店—专卖店—专营店"的框架。

这只是第一步,虽有形却无神。

他想起在麦考林悟得的一条经验:线下店铺在居民生活区范围内,店铺的季节更迭、打折起伏、新品上货消费者都能接受。但在线上,顾客访问周期通常为 30 天,同样一个店铺,如果连续折扣超过 45 天,顾客就会给店铺定性为折扣店。

"这会给品牌商很大的压力,在线上,旗舰店的定位到底要如何区分?"出于旗舰店做到传递企业文化的定位的考虑,第一年的钟涛,将重心放在了推动"双线运营法"。

何谓双线?一般来说,电商公司会设立一个运营部,但七匹狼电商却是另类,它有两个运营组。其中一组对接平台方面,叫作平台运营组,跟进天猫、淘宝的活动。平台每个月有活动行事历,参加聚划算、"双十一"、周年庆、特卖会的行程,该组需积极争取、紧密配合。

平台运营组并不新鲜,特殊的是另一组——品牌运营组。这个组负责品牌行事历,专门对接集团的运营节奏,比如6·18品牌店庆、父亲节线下活动等。钟涛对这一组的要求是,所有品牌的线下同步活动,必须在旗舰店同时展示。

为什么这样设立?这背后,其实是当下很多品牌依然在纠结的问题:兼顾销量和品牌。

对平台运营部,钟涛要求是只允许"1减1"活动;而对品牌运营组,他只允许"1加1"活动。简单来讲,平台活动可以做折扣、满立减等,比如聚划算和"双十一",打折和立减是为了促销量。而品牌活动时,所有的活动只能是"满×元加×元送礼品"等形式,为的是提升客单价。

这套理论如同上、下台阶,平台活动就是下台阶,而品牌活动就是上台阶。假如一个品牌只下台阶,那么就会伤及成本甚至品牌,而通过双线运营法,不仅做到了保护品牌,也能避免老顾客在重复访问时可能形成的对品牌的不良印象。

在这一套运营方向定调下,钟涛做的第二件事就是建立完整的体系和流程。

束发——七剑下天山

七匹狼电商体系中,"七剑"堪称钟涛得意之作,表面上和其他公司没什么不同。实际运营上,七个部门重复计流程,形成大循环。从渠道出发,到最后IT部反馈数据,验证渠道战略是否正确,这一套内功如同武林高手打通全身经脉。

> 一剑:渠道部。定下业绩指标。
>
> 二剑:商品部。匹配目标备货。
>
> 三剑:运营部。制定运营策略。
>
> 四剑:企划部。负责策略实施。
>
> 五剑:销售部。主动出击销售。
>
> 六剑:储运部。汇总信息,排期发货。
>
> 七剑:IT部。所有信息BI流程化,反馈给渠道部。

"七剑精髓,莫过于以渠道定商品,以商品定运营",整个七匹狼电商越做越顺的诀窍便在于此。在这一套机制下,运转着的是七匹狼电商闻名遐迩的"群狼战术"。

立足于渠道,电商部门根据该渠道内市场的水平和增长情况,定下每个渠道所要占据的市场份额指标,再估算渠道内新旧货品的比例各是多少,然后定下运营策略,最后分配给各分销商。

为了让群狼一致对外,避免内耗,钟涛根据分销商的特点进行了划分。善于卖新品的申请专卖店,善于甩尾货的则去申请奥特莱斯店。

根据分销商的性质,将货品分配给分销商。而这套策略曾遭到分销商们的极大抵触。

"七匹狼是狼,如果自己人咬自己人,那是狗咬狗",钟涛必须强硬下去。

因为要把握货品的来源,分销商们就必须听品牌的,钟涛知道,在中国,渠道和品牌永远在艰难博弈。

为了避免线下分销商审货,线上分销招募对线下分销商一概谢绝。但两个阵营没有封死,一方面钟涛觉得"线下和电商从不是敌对关系";另一方面,七匹狼的加盟比例约70%,面对电商这块肥肉,来自加盟商的压力无法忽视。

在线下分销商共享线上资源的那道门里,钟涛给予线下两道处理库存的通路:一曰买断,二曰代销。

举例来说,某经销商认为手上有500件可能的"库存",他把这些库存拿出来,申请以一定的折扣开放给集团商品中心。一旦申请通过,商品中心会把这些库存加到电商库中,让线上分销商吃进,此时货品无论是何折扣,已经与线下无瓜葛。

另一种方式是代销,货品释放出来,可以优先从线下发出。所以电商部门找到了七匹狼的省级代理商实施"就地隔仓":只要在线下仓库外隔出一个电商仓库,打上基本的电商定位编码,线下货品就成为电商货品,按照电商发货流程发出。

总的来说,其线上和线下的合作模式是买卖方式,线上赚取差价。电商部则作为纽带把线上、线下的货源还有销售的情况连接起来。可以说,七匹狼线上、线下的经营管理模式也是一样的,财务报表甚至都可以合并。

弱冠——三网待归—

"如果满分是 100 分的话,我给自己在七匹狼的经历打 75 分。"钟涛把 25 分送给了未尽的理想。

很多电商人都认为,未来的电商环境必定是线上和线下融合。而事实上,现在大多数电商人的意识只是停留在电商的第一个步骤——品牌销售网。意思是通过电商在各大渠道上实现销售额上的优秀表现。

不得不说,对于电商,销售只是基本需求。毕竟无论什么渠道,目的都是卖货。而传统品牌们比较难推进的,则是第二个步骤——会员权益网。

2012 年"双十一",七匹狼遇到了一名顾客投诉。该顾客在线上购买了超过 1000 元的东西,按照七匹狼的规定已经达到了会员资格,他可以享受在任何集团专卖店购买商品均 8 折的优惠。而他到了北京专卖店后,却查不到自己的信息。这就是会员权益未打通的结果。

"这个阶段我只完成了一半,这也是我丢失的分数。"如今七匹狼已经做到了线上会员信息开放给线下,但线下尚未对线上开放。诚然,中国零售品牌都有天然的制约因素,外国品牌如优衣库、杰克琼斯都是直营,而中国零售品牌线下大都是加盟。

加盟制,这是中国传统品牌在电商束手束脚的根本。

理想未尽,是否惋惜?钟涛笑了:"我并未曾得到,何谈失去啊。品牌是做电商的第三阶段——品牌营销网,最终实现资源共享,那这一步就留到以后实现吧。"

在他看来，"七匹狼已经不需要我去披荆斩棘冲多少亿，而是慢下来'，中国传统企业的改革，都是进三退二的。如今七匹狼电商经历了三年的爆发式增长后，已经是一艘高速前进的巨轮。如今七匹狼面对的，是如何带着线下封疆掠土的诸侯们搭上电商的顺风车。

"离开七匹狼我想得挺通透，我也很理解董事长的决定"，钟涛已经豁达。

（文｜赵军）

第二章　谁说传统企业玩不了电商？

【对话 BOSS】
问道钟涛，大胆尝试成就电商

Q：电商之于传统企业，如何才能不神秘？

钟涛：不要盲目地追求一种电商模式。不要简单地把线上定位为销库存，线上线下完全区隔等，这些都是可变的。我建议第一年大胆尝试，讲究目标的达成性，把第一年从第一天到最后一天所有的点滴都记录下来。第二年迅速地归纳和分析，形成自己的流程。这时候有了一定的数据基础，再去思考企业要成为什么样的电商。第三年迅速优化。总结来说就是"三个凡事"：凡事都可以尝试，凡事都要有记录、总结、改进，凡事都要形成流程。

Q：企业应该如何选择经理人？

钟涛：看他能否帮助你形成电子商务化的流程体系，他能沉淀下来的都是最有价值的东西，如果每一个高管帮企业形成体系，沉淀一部分流程，就相当于你疆土不断扩展。职业经理人的所有数据指标都在脑子里，如果没有帮助企业形成自己的流程，没有形成一个关键节点指标的话他就是自私的。经理人要帮助企业形成流程、标准，任何一个人接手，都以这个来优化，这样就真正为企业电子商务化打下了坚实的基础。

Q：职业经理人如何选择公司？

钟涛：一是看自己适合哪一类，所谓不熟不做。二是你要判断出电商品类发展的节奏，知道品类是夕阳还是朝阳。第三，你要看你是什么类型的经理人。有管理型的，驱动电商和集团融合；也有营销型的，冲业绩；还有文化型的，适合搞氛围创业。经理人的特点要和企业需求相匹配，否则你会做得很累。

Q：听说天猫、百度、京东都在邀请你，你会去平台吗？

钟涛：我觉得，电子商务是造了一个城，平台在城头上看，城里需求非常旺盛，外面很多的企业为什么不进城呢？只因为品牌们是怕进来后，你把城门关上了。我觉得，真正的强大，不是把城墙筑起来，而是拆除掉，形成透明的规则和生态，想来能来，想走能走，市场是规范的，需求是有序的，甚至是理性的。如今，电子商务中筑城的人很多，但是拆城的很少，我愿意用毕生所学去帮助品牌打造团队，然后看着受我影响的人做到成功，大家一起把市场建立起来，这样城墙就自然拆除了。相比于守城，我更倾向于做一个攻城者，带领他们，告诉他们，电商可以为品牌所用，帮助他们壮大。我倡导兼爱非攻，老有所用，人有所专。

Q：未来可能的去向是什么？

钟涛：我希望能真正带领一个品牌实现电子商务化，这是我未竟的事业。我想带领一个集团品牌甚至一个平台完成这一点，但眼下觉得带领一个集团品牌去突破，可能更现实一些，因为很多经验可以立即用上。考虑到类目发展前景，我后面可能会选择女装或者家居，因为我觉得这个市场要大于原先的市场才有挑战性。

何 彬
从负资产代工厂到亿元销售额品牌

何彬从不讳言自己是个富三代,也不像个沉稳老练的"老板"。他爱开着拉风的跑车,带着员工们一起摆弄玩具,还会叫对面的摄影师把自己"拍得帅一点"。

这一切,也许仅仅因为他也才 30 岁出头。

但他的企业在中国应该算老一辈。2013 年他的家族企业"和信木业"已经诞生 40 年。每当说起这家企业,他会带着崇敬的语气诉说爷爷坐三天三夜的火车,在上海拿着介绍信按配额进货的事情,就像"单枪匹马去非洲一样勇敢"。

老一辈人的确展示出了过人的勇毅,但却没有在他身上展现出外露的痕迹。何彬也没有让这个木头玩具世家失望,带着企业从接手时的负资产,走到了如今销售额数亿元。

这段经历,恰好可以和中国电商发展历程画上等号。

子承父业

像很多富×代一样,作为独子的何彬受到了全家的溺爱,从小就不爱学习,18 岁便辍学吵着跟父亲去广东的家族工厂。

但这段历程失败到让他永生难忘。1998 年东南亚金融风暴让企业跌入谷底,1994 年尚有 1800 万元年销售额的工厂,1998 年的利润不到 20 万元。到了 2000 年,父子俩一盘算,全家所有财产资不抵债,负债 200 多万元。

此时的何彬真真切切地感受到了"随时破产"的煎熬。当时的他,只能尝试些力所能及的事情。因为喜欢玩电脑,就天天在 Made In China、IECC、Globe Resources 等 B2B 网站上发布一些资讯。这在当时算非常新奇的事情,全国通上网络的城市屈指可数。这多亏他家境富裕。

尝试电商 B2B,只能算无奈之举。当时除了广交会,所有国内制造商均没有能力直接接触国外订单。但那时候广交会的门槛太高了,一个不起眼的摊位都能被炒到几十万元的价格,而且没有配额指标和出口权的企业还不许进入。

即便通过 B2B 网站,形势也不那么乐观,代工厂只能通过港台外贸背景的公司作桥梁。直到数年后,出现了阿里巴巴的火爆场面,局势才彻底改观。到了 1999 年,网上到处贴广告的何彬终于在阿里巴巴上接到了第一个订单,价值 4000 美元。

他的"折腾",终于显现出有趣的未来。

2003 年的 SARS 彻底改变了电商,也改变了企业的命运。订单猛增到千万元,亏本 5 年后终于一举扭亏为盈。而这之前最艰难的时间里,父亲没有对他作任何要求,这非常难得,因为很多家族企业的失败,就是后辈拧不过父辈们的强势。

"父亲是我的导师,除去资本积累之外,他教给我的知识中,允许我去试错,这才是最宝贵的。"他一直很感激父亲的宽容。再比如 2004 年他决定砸钱做品牌时,企业元老们一致反对:"贴牌赚钱多简单,做品牌太花钱,做不好把 2003 年好不容易赚到的钱又要亏进去。"

那时候,虽然父亲不懂也不理解,却最终默许了,就像父亲早就相信他的品牌梦一样。

分道扬镳

1938 年,18 岁的何彬就注册了木玩世家的商标。但一直到 2004 年,他才终于攒够了钱去实践,这怎么不让人兴奋?

随着淘宝的诞生,企业开始在淘宝卖货。由于早期网络不够规范,何彬只将一小批商品在网上售卖,但这成为品牌发展的原型,蓝海效应让他当选了第一届十大网商。这段经历,让他遇到了第一个伙伴——上海商盟的盟主丁楠。

当时的何彬脑海里,品牌就是个圣杯,他明白电商是难得的机遇,却不知道怎么沿着电商去触摸品牌。而丁楠的出现,让他觉醒了。丁楠负责销售,何彬负责供应链,虽然他们当时还不知道后来有个专有词汇叫 B2C。

这个组合势如破竹,两人带着品牌从销售额 0 元轻松走到了千万元。恰逢 2004 年马云称要将 B2B 和 C2C 用一根线串起来,木玩世家就成了最好的样板,这促成了 2005 年他第二次当选十大网商,并开始被大家称为"第一个淘品牌"。

风光是因为品牌,但也是品牌最终导致了黄金搭档的分道扬镳。

不久后,何彬发现线上窜货非常严重,而且服务非常不规范,他觉得有必要收一下:放弃分销,只做自己的 C 店。但丁楠觉得分销赚钱轻松,开店还需要客服、美工,太麻烦了。他主张拼命发展加盟。何彬坚持关闭了义乌的批发市场,造成品牌在线上年销售额直接减少近一半,约 600 万元。这刺激了丁楠,后者宣布退出,使得两皇冠的 C 店没人管没人问,彼时无人可依的何彬完全放弃了线上。

成也丁楠,败也丁楠,而且一别就是三年。

去 而 复 返

有趣的是,这三年里,品牌销售额年年翻番,2008 年淘宝销售额竟然超过了 8000 万元。

何彬自己都不清楚网上卖了多少货,因为他发现工厂拉出去的货,他根本管不着。他不知道,线下的经销商早在网上卖得风生水起。而那时候的他也不愿意去多想,精力完全在线下开门店上。他不遗余力,甚至一个月开车去上海 6 趟,总路程接近 4000 公里。

但线下的推进不是那么容易。北京市场因为木马智慧的先发优势,木玩世家竞争成本很高。而在上海,木玩世家发展了 22 家直营店,在深圳开设了 8 家直营店。悲催的是,所有直营店从不盈利,上海市场前后换了 3 批团队也没有扭亏为盈。

这一切一方面是因为电商对实体的冲击,另一方面则是因为直营店需要考虑品牌形象，只卖自己的商品，成本和风险都很高。

这段努力最终以放弃告终。他放弃了除上海22家直营店外所有的直营店，其他全部转为加盟。"中国品牌想要有所建树，一定要占据上海这个桥头堡"，上海成了品牌的旗舰，作为品牌形象的先锋，起到了维持了品牌形象的作用。

这种战术也被引到了线上。

木玩世家的回归要算巧合，因为竞争对手"智立方"（当时的智立方并非现在的智立方，后来该商标被抢注，如今已经退出了竞争)，何彬发现后在网上销量激增，这才如梦初醒。但这时候的木玩世家，没有任何线上运营团队。

阔别三年，但经销商们的审货和线下门店的推进并没有让品牌影响力掉落。当时数据魔方显示，每周品牌词依然有超过7000多次搜索就是明证。

然而，这时候的木玩世家已经变了，已经褪色成为传统品牌，线下成了品牌的销量大头。为了应对两线平衡，品牌采取了线上线下几乎同价的定位，设立网络专供品牌进行市场规范。但这样稳稳当当的进程让木玩世家的增速停滞，分销体系空白的历史直到2014年才重新起步，现在的增量甚至不如数年以前。

而且，现在面临的危机，相比以前已经复杂了太多。

厚积薄发

"我有两个恐惧，一是不公平，二是低价。"

中国品牌一方面要面对模仿和抄袭，知识产权几乎没有保护，缺乏监管造成模仿品牌甚至能做出很大的市场,而申请专利打官司耗时太长,对于品牌来说根本不划算。另一方面,对于木玩,很多人觉得"木质怎么比塑料还贵","不就几块木头嘛"。市场不成熟和消费者不理解,造成大量安全系数不高的玩具低价抢食市场。

虽然何彬坚持自己的实力不是小厂可以模仿的,毕竟"一台超过200万元价格的静电喷漆机器不是小厂买得起的",但他也承认自己是"夹缝中的一代,像是跟欧洲品牌和非洲品牌在竞争"。

这是中国品牌的通病,而且坏消息是目前这几乎是绝症。但品牌必须突围。

"玩具跟服装不一样,有能力做出品牌。"在品控层面上,中国代工厂有能力达到最高要求的欧盟标准。比如欧盟在重金属检测上有19项标准,而中国只有铅检测。中国品牌需要用高标准的要求来树立市场信心。在研发层面上,中国品牌因为更了解国内文化,考虑到玩具毕竟有着动漫文化因素,使得中国品牌在更了解中国文化和教育方式方面成为优势。

这样看来,玩具市场倒不是设计的短板,重点是如何铺平市场通路。

"世界上70%的玩具都是中国制造,但却没有品牌意识。"云和被称为木玩之乡,几乎垄断了国际木玩代工产业,却仅诞生了木玩世家这一个国产品牌。正是因为做品牌需要持久的投入,而且市场的推进难度又很高,对发达国家的渗透更是难之又难,才需要整个市场一起去扭转中国制造的形象。

除了宏观挑战,面临国内市场危机上,木玩世家的方法是往玩具的上游走,扩大产业链,提升品牌溢价。2011年,木玩世家投入了2000多万元成立动漫公司,并且接拍动漫微电影。

"别人走从文化到产业的路,我们走产业到文化的路。"借鉴国外顶级品牌的做法，比如因为匹诺曹诞生的《木偶奇遇记》。木玩世家想通过占据文化上游来制造玩具，实现内容取胜的目的。

品牌如今囤积了超过 80 名来自中国美术学院的设计师，其中 60 名设计师负责动漫公司的文化形象设计。这样一来培养了大量的研发梯队人才，达到文化和产业员工互通的作用，而且品牌一直坚持依靠懂设计的人去担任运营岗位，以使文化灌输可以持续地延续下去。

在应对挑战上，拓宽市场边际也是品牌采取的一项举措。原本品牌口号是"木质玩具之家"，对象是 0～6 岁、3～8 岁不等的孩子，而现在则调整为"把玩木头的世界"，将所有喜欢木头的用户都纳入了其中。品牌的概念店也正在杭州、上海等地开始铺设。

同时，品牌也在提高创新力，迎合高科技的趋势。虽然多媒体游戏不会成为玩具的巨大挑战，大人的棋牌类游戏也可能会被取代，但幼儿教育却不会受到影响，因为"幼儿教育是一个感知外部世界的过程，多媒体无法取代"，反而玩具可以成为高科技的补充。比如木玩世家正在和安徽出版集团跨界合作一款游戏：iPhone 里有鱼游动，用户拿着一根实物鱼竿对着手机就可以钓鱼，趣味性十足。

品牌之路显然难之又难，但何彬一直非常乐观，即使目前动漫公司依然亏本，他也觉得能够坦然面对，因为他理解现状："中国品牌都在走一条未知路，我们线下渠道还没完善，线上的冲击就已经如此猛烈。"

电商的扁平化让尚未成熟的中国品牌们不得不在沸腾的市场里倍受煎熬，而如何透彻发现产业优势，开发创新能力，成为比拼的重点。在何彬看来，活到最后的，也必定是最能自知和自省的。

（文 | 赵军）

【延伸阅读】

玩具品牌铁幕难落

赵军 文

离我们比较近的景象，是 2008 年金融风暴对玩具代工厂的摧残。大批倒闭的工厂从侧面反映了中国玩具产业在某种程度上的脆弱。事实上，从制造和设计技术的层面来看，国内玩具品牌商其实已经和世界上的品牌没有差距，差距最大的是环境变化、市场经营意识和文化产业落后。

玩具很多都需要手工制作，机械化无法完全取代。这就造成玩具代工产业随着人工成本急速蹿升而优势急剧缩小，占比全世界玩具制造 70% 以上市场的"世界工厂"迫切需要造血能力。而这个急速增长的市场中，国内消费者"人工便宜"、"原料便宜"的看法却没有改变，而在欧美，一件好玩具的价格很容易超过千元。这说明了中国市场有着很高的沟通壁垒，这种苦活累活不是代工厂们愿意做和能做到的，而需要品牌商们去培养市场。

不成熟的市场和渠道，摆在了品牌商们的面前。是迎难而上，还是随波逐流？

很多人都会选择后者，毕竟后面的路更容易，离赚钱也最近。但长远来看，恶性循环也是显而易见的。以木玩来说，它仅占玩具市场约 5%~10% 的市场份额，卖着百元价格的木玩世家、木马智慧、智立方，去和价格在二三十元的不知名木玩竞争，想要取胜，普及品牌价值还有很长的路要走。

除此以外,国内的玩具品牌很多都是从代工厂成长起来,或是电商10年习膨胀起来的品牌,对品牌的塑造、保护意识还有待提高,智立方这样商标被抢注的例子非常可惜,同时也是对品牌自身成长缺陷的惩罚。

　　以上其实并不是最大的障碍,最难跨越的实际上是文化。玩具产业链条上动漫、电影、民俗文化、娱乐明星是上游,特别是在外部文化强势入侵的背景下,只有文化弱势的局面改观,玩具品牌才有可能实现突破。我们悲哀地发现,这已经不是品牌商们能做到的事,而是一种社会责任。

2013 年 4 月 17 日，福建泉州，极具欧洲古典风格的地标式建筑泉州酒店被挤得水泄不通。

在酒店三层的多功能厅满江红里，齐集了 1000 多名国内的鞋服行业电商从业者。现场的座位远远不够匹配蜂拥而至的参会者的热情。虽然电商业内会议时而有之，但爆满到这个程度确实少见，想要从人群中穿过都要费不少力气。

从 2009 年至 2013 年，环球鞋网董事长王冬竹已经承办了四届中国鞋服电子商务峰会。作为东道主，峰会前一天他已经开始忙碌起来。密集的媒体采访，亲自宴请远道而来的各地电商机构、品牌商、服务商和知名卖家让他马不停蹄。

时至 2013 年 4 月 17 日中午，他压轴出场，跟享誉晋江乃至全国的鞋服品牌七匹狼周少雄、安踏丁志忠以及特步丁水波齐齐坐在台上,贡献了一场品牌商和渠道商的"口水战"。相较三位品牌商关于线上清库存和价格战等话题的言辞闪烁,王冬竹更像一个品牌家族的大家长:"晋江很多品牌都是从地摊起家,一步一步价格战打过来的。不论是线下还是线上,泉州人不怕打价格战,但这没有意义。发展到现阶段,我们更关注价值战。"

台下的参会者掌声雷动,显然读懂了王冬竹"电商才打几年的价格战,我们都打 20 年了"的潜台词。掌声中,王冬竹笑得矜持有礼,这是一个非常满意的心理暗示。

"我会抓住每一个机会。我要做什么,我要的是什么,自己非常清楚。"这也是为什么,虽然已到知天命的年纪,但王冬竹活泼得像是永远25 岁的谭校长,只不过,痛过方知取舍。

失而复得的互联网梦

王冬竹的头衔很多,跟互联网相关的有两个:淘鞋网和福建讯网的董事长。这两家公司的共同创始人是一位叫涂荣标的 80 后,王冬竹真正切入互联网行业,正是以涂荣标投资人的身份。

1998 年,年仅 18 岁的涂荣标就进入了互联网。他 2002 年创办福建讯网科技公司,运营鞋行业 B2B 平台"环球鞋网",同时帮助很多传统企业建站,对当地鞋企的产业链帮助很大。2007 年,淘宝网成为亚洲最大的网络零售商圈,支付宝和物流配送的完善使得网购风潮势头正劲,这让传统企业也动了心,不少品牌商主动向涂荣标请缨:给我们建站做电子商务吧。涂荣标一掂量,左手有技术,右手有货,为什么不

65

第二章　谁说传统企业玩不了电商?

自己来做一个零售网站呢？就找了相识多年的王冬竹一起聊，王冬竹二话不说，直接投了1000万元，于是有了后来的淘鞋网。

"很多人都笑我，说王冬竹是个笨蛋，拿了1000万元就买了两层楼，装修得那么漂亮却做了电子商务。他们不懂，做任何事情，一定要走在前面。"事实上，当时做互联网，对王冬竹而言已经不能更晚了，因为在10多年之前，他就差点投资了一个互联网的项目。当时他在报纸上看到一条"科技项目求合作"的广告信息，就通过传呼机联系到了登广告的创业者，两个人聊了几个小时，彼此都很兴奋，但最后在投资金额上出现了分歧。创业者希望王冬竹投资40万元，不差钱的王冬竹却坚持只投资35万元，5万元希望创业者自己出，因为觉得年轻人带着压力创业更靠谱。但没承想这一坚持，就错失了他成为首批互联网人的机会。

"要知道，1999年的时候马云还在为50万元启动资金发愁，我当时已经是数百万身家，但却还是没赶上国内第一拨互联网大潮。"这份遗憾显然让王冬竹耿耿于怀。当他再度触摸互联网的时候，却发现做网上零售的淘宝网早已成气候。在投淘鞋网之前，王冬竹跟好乐买的李树斌也聊过。"我本来想投李树斌，但因为好乐买在北京，沟通成本比较高，而且他以前是做IT数码产品的，当时评估他以前做得不算太成功。"后来因为两人在股权比例方面有争议，合作就没有再谈下去。泉州本土的创业者涂荣标则取得了王冬竹的信任，当地的制造业优势让他们选择了鞋品类，而王冬竹带给淘鞋网的自然并不是单纯的资金这么简单。多年前他在传统行业创业做涤纶线的时候，这些鞋企也都是刚起步，一路成长过来，是合作伙伴，亦是朋友。当时，线业生意也没落下的王冬竹还多想了一步："如果做鞋子，我去买也便宜一点，沟通方面比较畅通，以后出现货款问题还可以以货换货。"

但让王冬竹和涂荣标没想到的是：早就吆喝着要上网卖货的品牌商，真正启动合作的时候却很排斥。跟其他鞋类 B2C 不同的是，淘鞋网从一开始就找品牌商直接拿货，并没有选择品牌商的经销商合作，更没有通过其他渠道窜货。于是问题就来了。习惯大量批发货品的品牌商，面对淘鞋网每天几双十几双的"微量"订单，耐心几何？

"前期比较难，每天开着车去品牌商仓库，拿着照相机拍产品图，上传图片后等订单，有了订单再去买商品。"在涂荣标的叙述中，前期跟品牌商的配合并不像想象中那么顺利，经常是好不容易网站上有了订单去找货，结果货品刚好被线下批发商拿走了。摸索了一年，王冬竹开始反思这种简单的代销模式到底能为品牌商提供什么价值。团队决定，搬到厦门，从完善 IT 系统、售后统一仓储物流做起，改善网站的客户体验。

随着 361°和鸿星尔克在淘鞋网的成功，一个月陆续销售额过了几十万元，网站渐入正轨。而从业务模式上，淘鞋网也做了调整：不仅延续做自己的独立平台，更是在 2009 年就入驻淘宝商城开了专营店，借靠淘宝系的流量，帮助品牌商迅速扩大线上的销售份额。到 2011 年，早就对互联网跃跃欲试的王冬竹终于不再满足于一个资本方的角色，而是从资本方变成参与方，成为淘鞋网的董事长，跟涂荣标携手打天下。

但，王冬竹很快发现，这个行业很奇怪，他的同行们正在争相以亏损的方式吸引用户。他不止一次情绪激烈地抱怨："这个行业的人有没有计算过自己什么时候能盈利？一直亏损！亏损！我不懂他们在亏什么！无论同行还是外行，大家见面第一句话都先问你今年做了多少销售额。好奇怪，400 块钱的李宁只卖 99 块，如果冲销售额是以消耗品牌的价值为代价，这样的生意做到几个亿又有什么用呢？"

缝纫线王逐鹿记

　　王冬竹从商近 30 年，他不是没有亏过钱。

　　他的出生地福建晋江，是拥有中国内地上市公司数量最多的县级市，安踏、鸿星尔克、七匹狼、恒安、九牧王、特步、匹克等近几年被国人熟知的品牌均出自这里。而把时针拨回 1984 年，改革开放热火朝天，晋江的服装生产业进行得如火如荼。那时候的王冬竹，开店卖服装做辅料，骑着摩托车在金井周边往返送货，忙碌于零碎的小生意。直到 1987 年的某一天，他终于找到了想要深耕的方向："做缝纫线，不论是做服装还是做鞋都要用到线，甚至当时银行捆钱也要线。"不起眼，但在纺织制造业不可或缺的一根线，他做到了垂直之王。

　　王冬竹经常会跟人说起那个关于广告牌的故事。在他刚刚起步做线业时，他一年的销售额也不过数万元。那是 1991 年，他执意要在当地的高速路口立一个广告牌。他花了 10 万块，让设计公司花了两个多月来做。设计师尝试了很多方案，把他本人的头像放上去？或者制造的机器和产品放上去？都被王冬竹坚决否定了。他说他就要四个字——敦煌线业，但排版、色彩搭配、品牌感一定要体现出来。设计师一度很气愤，"你真是我们最最难搞的客户了"。当年，这个广告牌只让王冬竹赚到 7 万块。但很快，他就赚到了多倍于广告费的钱。

　　线在衣服和鞋子中密密麻麻，看似无处不在，但做这门生意其实很痛苦，没有 Logo，谁会在意一件衣服用了什么牌子的线？可是王冬竹偏偏就要造出个品牌。很快，他就摒弃了家庭作坊的生产方式，找到宁波一家国有线厂，成立敦煌集团，并于 1998 年成功上市。2003 年 6 月，该集团还与全球生产及销售缝纫线最大的企业之一美国 A&E 强强联手，分别出资 50% 共同组建华美线业有限公司，建了亚洲最大的缝纫线生产基地。王冬竹也因此有了一个响亮的名号：缝纫线王。

线王的能量有多大？据说，如果想知道服装企业的景气度，只要查一查这些服装企业在王冬竹这里进了多少线就行。而辐射到王冬竹现在的电商事业，线王无疑带来了实实在在的资源优势。20 世纪 90 年代初，王冬竹在高速路口努力树一个广告牌的时候，那时候的晋江还只有工厂，没有"品牌"。彼时，安踏的丁志忠刚从北京回到晋江，在父亲和哥哥的鞋厂里做营销主管。匹克的许景南正在考虑为耐克泉州鞋厂做配套加工。大家相遇于微时，这些后来成为运动品牌大老板的人大多是王冬竹的朋友。周末的时候，王冬竹很喜欢开车到安踏丁志忠的别墅里打球，打到满头大汗再开车回厦门。而那些鞋类大佬，也成了王冬竹电商事业最早和最忠实的支持者。

如果不是多年至交，淘鞋网恐怕很难在每天只有个位数订单时就能找品牌商直接合作。而直到现在，淘鞋网依旧享受着品牌商的特别优待。七匹狼投资是淘鞋网的投资机构之一，除了资金支持，七匹狼更是起到了背书和担保作用。打个比方说，同样是跟品牌商进货，淘鞋网可以先不支付（或支付少量）定金，等货品销售完后再结款。这种基于晋江闽商抱团互助的合作模式，让其他鞋类 B2C 难以望其项背。淘鞋网 CEO 余荣标深有体会，"这对我们供应链的帮助实在是太大了"。

拒绝品牌消耗战

"营销先行，渠道铺路"，晋江品牌把这一快消品行业的惯用操作手法移植到了运动品行业,成就了鞋服行业的"晋江模式"。营销和渠道是晋江模式的精髓,二者不可偏废。所以当王冬竹踏入电商行业看到价格战硝烟四起的时候,着实看不懂:"杀人的生意有人做,赔本的买卖没人理。电商之所以能打价格战,是因为传统品牌几十年积累的价值,他们帮消费者确立了商品的传统渠道心理价位,电商的打折才有效果,但是,这不是在消耗品牌商的价值吗?"

涂荣标也承认,自己和创业搭档在电商竞争中很难不被行业的价格战推着走,也一度走在冲规模的不归路上。而王冬竹加入之后,强调商业逻辑,强调网站自身的造血能力,而且带来了传统行业的营销经验。到2011年年底,淘鞋网的销售额突破1.5亿元,基本实现了盈亏平衡。同年,好乐买的李树斌已经把IPO计划提上日程。而这厢王冬竹似乎放慢了脚步,坚持回到稳健发展的节奏上。

2011年11月,淘鞋网开始尝试跟品牌商合作推出渠道专属定制款商品。跟特步品牌联合出品的"步步庚心,特步韩庚款潮鞋"第一代上市后,上架一周几千双鞋子立即销售一空。王冬竹发现这种玩法很有趣,很多顾客来询问韩庚跟淘鞋网的关系,特步的代言人效应成功移植到了淘鞋网,共享了粉丝经济。在2012年7月,再度推出第二代潮鞋时,他们特意找了销售过韩庚写真集和专辑的当当网联合营销,当当网分享了十几万客户群的精准流量,潮鞋的最终销量直逼数万双。

但这就是渠道的全部价值了吗?王冬竹显然并不满意。2013年3月14日,马云到厦门最先拜会的就是淘鞋网王冬竹。他们不约而同地提到了三个字:价值战。对于马云和他的淘宝帝国,这是一个生态系统的诉求。而对于王冬竹,他落脚在"电商平台应该给品牌商更好的利益分配"的着眼点上。

"淘鞋网不是伟大的公司,也不一定是成功的公司,但一定是最后留下来的公司。"线王闯电商,王冬竹铁了心,要用传统的商业经验继续打这场持久仗。

（文 ｜ 吴慧敏）

水晶鞋背后的男人

　　打开淘宝女鞋的销售数据，不难发现，传统品牌线上称王已是不争的事实。在市场容量虽然位列淘宝前三，但是要比拼全产业链能力的女鞋市场，商家要把地盘"踏实"并非易事。

　　"做鞋子很辛苦。"十有八九的行业都会心生相同的感慨，星期六女鞋官方旗舰店的创始人周建华也不例外。对于他来说，比起克服内向的性格，女人的脚的确要难以掌控得多。

　　周建华身份有些特别。星期六官方旗舰店由他运营，但他不是职业经理人；他是旗舰店所注册公司的创始人，但这个公司又并非完全属于自己；公司是上市企业佛山星期六鞋业股份有限公司（下称"星期六"）的子公司，但他曾经只是星期六上海分公司的一名普通员工而已。

创 业

不得不说,星期六总是先人一步。

2009 年 9 月,佛山星期六鞋业的董事长张泽民代表公司向深交所赠送了一只水晶鞋作为交换礼物。作为 A 股市场女鞋第一股,星期六备受资本市场追捧。

除了上市之外,星期六启动电子商务网络销售计划同样比很多传统企业要早一两年。2009 年上市时,星期六在还没怎么引起传统企业关注的淘宝上已经"学"了两年,而周建华正是主要的泅浮者。

周建华性格内向,四平八稳,但内心却格外有爆发力。

2005 年,市场份额正在逐步走向下跌的 eBay 在中国散发着最后的威力。在星期六上海分公司负责加盟的周建华留意到,他负责的客户中有一位很不一样。这位客户是做互联网的,从星期六拿货以后,就把鞋子放到 eBay 易趣上去卖,销量还不错。到了 2007 年,易趣易手TOM,原易趣的忠实卖家普遍感到失望和灰心,这位客户也是其中之一,但他没有转向淘宝,而是索性收掉生意。

别人的退出却给周建华带来无限遐想:"我很好奇这样一个行业,成本投入很低,商业模式很新,把我们传统渠道的模式都颠覆了。"周建华想知道,这个市场蕴藏着多少不可能,而这个答案,仅通过与那位客户两三年的交流是不够完整的。

周建华跳下了商海。不久,他恰好知道公司有发展互联网的意向,便认真查阅了国内外很多关于电子商务模式的资料,写了一份满满当当的项目企划书,建议公司把电商作为一个渠道去运作。

当时周建华并没有把握。客观来讲,自己只不过是一个分公司的普通员工,且与公司的领导人没有任何亲戚关系;主观而言,自己完全是电子商务,或者说是互联网的门外汉。

意外的是,项目企划书通过了。回顾当年的淘宝环境,虽然电商优势凸显,但是传统企业对淘宝要么是不以为然,要么是恨之入骨。在他们眼中,淘宝既扰乱了渠道,又打乱价格体系,称其为"万恶之源"一点也不为过。而对于打败淘宝上的"群魔",大多数企业老板又不够有信心。而这一年的星期六,刚刚接受了柳传志掌舵的联想控股旗下的联想投资资金,并进行了股份制改造。此时做电商,谈不上锦上添花,但董事长张泽民心态很开放。至于目标,不管是张泽民本人,还是周建华自己,都没有太多要求。

"我当时想的是,第一要活下去,第二在经营的时候,也要围绕着活下去。"小心翼翼的周建华,为了更好地"活下去",连人员也只敢招两三个。

有些问题别太在意

第二年,周建华见识到了电子商务的"魔力",代价是一堆中差评。

2008 年,周建华在淘宝商城上注册开店,刚刚学会怎么拍照、P图、上架的周建华团队,除了品牌知名度和企业背景的资源根基之外,在 C 店运营之初总觉得优势寥寥。半商业化的淘宝商城出现后,周建华觉得是个好信号。因为这意味着在以品牌为定位的平台,企业商家可能会有更多的话语权。为了试试营销资源所带来的甜头,周建华带着星期六在淘宝首页上做了一次联合促销活动。

震撼来了。"电话打过来是爆掉的,旺旺也是爆掉的。"打电话进行咨询的是一些不懂淘宝操作的大爷大妈。面对突如其来的流量涌入,周建华发现自己根本无法应付。不到一天,他就招架不住了,直接将活动喊停。"更麻烦的事情是我们的产品没有单独的仓储,都是在各个分公司的仓库里面,消费者买了以后我们就把单子传回总部,后来不少货品出了问题,一大堆投诉电话过来了,头都大了。"

尽管后续花了很多时间向消费者解释,但是经此一役之后,周建华又一次印证了做电子商务的想法是对的。

"问题总是伴随着发展存在,不会消失,哪一天问题停下来了,才是真正有问题。"运营技巧的问题逐渐入门之后,其他问题出现了。

事实上,传统线下品牌进军电子商务都难以回避一个问题:线上、线下渠道冲突。星期六在线销售是否要用同一品牌,是否要用同一产品,是否要统一价格?如果线上产品价格低于线下,往往会影响到代理商或者加盟商的利益。

周建华并不避讳星期六刚刚开辟电商渠道时遇到的阻力。那时候,代理商或者加盟商对产品和价格提出看法的并不少。"但我们总部的管理层对这个项目的推动始终很坚决。"周建华认为,冲突是在所难免的,而且虽然星期六目前窜货比例很高,大约有 70％的款式与线下产品同款,所幸"困扰没有特别明显"。于是,不管是星期六管理层还是周建华本人,都显得很淡定。"不会太介意一些这样那样的问题。"

在拥有了独立仓储的同时,星期六的电商采购也作为采购的一方参加公司每年 5～6 次的订货会。周建华团队会根据线上用户的消费特点和需求订购线上销售的产品,但在选款数量上也有技巧,以缓解线上、线下双方的渠道冲突和规避库存风险。

"款式上会做分类,一些是做体验的,我们设定一个数量,这部分会明确告诉消费者不会补货,我们设定一个数量,卖完了就结束了,补货的产品比较少;一部分在下单的时候做得比较多,销售预期拔高。"

库存是另一个绕不过的话题。有人指出,国内上市的四家鞋企——百丽、达芙妮、宝胜、星期六中,星期六面临的库存压力最为严重。周建华没有正面回应,但也坦诚:"不管是线上还是线下,特卖是品牌要活下去的一种销售渠道的补充。"而清库存,也是星期六做电商的选择之一,但非全部。

就在采访的前一天,凡客诚品在上海召开开放平台招商大会,星期六作为品牌合作较为密切和成功的商家之一,在会议上分享如何"跟凡客共成长"。打开星期六在凡客诚品上销售的商品,清库存的痕迹很明显——折扣低,多数产品码数不齐全。

至今为止,周建华并不认为特卖的行为"有伤大雅",因为线上的消费者需求总是多样性的。"消费者本身是有心理预期的,这么多年下来,我们有些买家专挑上新品时来买,对价格不在意;也有消费者喜欢货比三家,喜欢打折,这当中有消费观念和需求差异的问题。"另一方面,周建华正在逐步提高旗舰店的售价。

还未有输赢的赌局

对于周建华来说,先别人一步试水电子商务这一动作本身就兼具进攻、防守的作用,尽管他当时并没有想到这么多。可是当电子商务成为传统品牌绕不过而且想征服的重要销售渠道时,星期六的优势凸显了——它直接使得该品牌的电子商务能力在同行业的品牌里显得更强。即便后来"鞋王"及其他品牌相继上线,星期六在竞争时的地位也始终相对平稳,保持在品牌榜前十。因此,2007年就开始进军电商的举动无意中成为星期六对未来销售渠道变化的潜在风险的对冲策略。

而这一切,很大部分源于周建华当年的好奇和对商业的敏锐嗅觉。当然,作为一个有上市企业背景支持的公司,与出资方的信任也有莫大关系。

传统企业用这样的方式做电商,并且顺利坚持这么多年的并不多见。周建华说:"我找到一个好机会。第一,我早了一步,那时候大家都不知道什么叫互联网公司;第二,我们董事长很开明;第三,我们在做项目企划的时候没有以事业部去运营,而是以子公司去运营,保留了很大的自主性和弹性。"

2013年年初,天猫逍遥子在某电商年会时送给传统企业老板两句话:一个是找到合适的电商负责人;二是放手让他干。在星期六将近六年的探索中,周建华深有同感:"帮你找最好的人,给你最好的条件其实是次要的,最重要的还是信任。"

有一次,公司需要招聘一个重要岗位的管理人员,周建华跑去跟董事长张泽民请示。然而,张泽民回复:"你是公司的负责人,你说了算。""作为子公司运营来说,最需要的正是这种信任。"而这一点,是当初创业时周建华并没有预料到的。

五年多以前的周建华基本不上网,偶尔打开网络也只是浏览几页新闻,打字很慢。当时二十来岁的他,有的是一股冲劲。

在接受总公司安排成为子公司负责人的那一天,周建华浑身充满了干劲,这意味着他的身份角色从一名普通员工变成了创业者。但随之而来的忐忑让他在夜里辗转:如果项目运营失败,就再也回不了头了。"假如这个项目失败了,我很难回去朝九晚五地上班,所以对我来说也是一场赌局。"

这个赌局还未结束,看不出输赢。然而,毫无疑问的是,内向的周建华还是得到了些什么。"人家常说性格决定命运,但我觉得性格决定不了一个人的工作岗位。工作时最怕的不是你不会,而是你不学,你不学肯定不会,学了肯定慢慢就会。"而最后一句,正好可以用来与许多传统企业商家共勉。

（文 ｜ 许静纯）

活过明天,才能拥有一切: 中国电商企业家的创业之路

苦"炼"女鞋

周建华 文

尺码不齐，不行

做服装，大中小三个码已经全了，做鞋的话34～39码都要考虑，这当中需要投入的资金以及要衡量的库存风险可想而知。

不注意细节，不行

在非标商品里面，消费者对细节的要求特别高。服装过得去就算了，但如果鞋子穿得不舒服肯定不行，鞋子材质好一点、差一点，不到三天就感觉出来了；做工好不好，也很容易看出来。消费者对女鞋的心理容忍度的要求更高。

慢，不行

不得不承认，我们现在的供应链反应速度还是跟不上互联网的需求，供应链上我们也在整合。线下我们在补货、追单的时候，20～25天都能接受，对于互联网就完全不一样。记得以前的时候，消费者听说三天到货很高兴，到如今，当天到货都未必有惊喜感。

线上线下不同款，不行

如果说线下的产品完全不让线上卖，那么你卖什么产品？很多企业的开发机制也没办法做到单独为互联网渠道去单独开发一款产品，这当中的成本和代价太高，只能补充一些产品进去。你完全不卖，影响的还是自己的品牌。

做网络品牌，不行

百丽的网络特供品牌 INNET，也在线下开店了。网络品牌的叫法更多只是在某一环境下产生的产物，不管是百丽也好，星期六也好，一开始可能都是在百货公司的地上摆着鞋子售卖起家的，那个时候就跟现在的网络品牌一样，在淘宝上的某个角落做一做，就起家了，自然会有生存的缝隙。但如果发展到一定阶段，你不前进，就只能往后退。适应市场需求的、适合大众需求的就是一个品牌，不分渠道。

传统品牌如何建电商团队

向文滔(奥康鞋业电商负责人)文

2008 年,奥康鞋业正式组建了电子商务部门,创建了官方的网购平台,准备在网络渠道大干一场。但跟所有传统企业自建电商的结局一样,没找到感觉。到了 2010 年年底,奥康进驻淘宝网,网络销售的数据才逐渐变得好看。可以说,自奥康触网以来,道路比较波折,但前景很是光明。因为网购人群对线下品牌的接受度很高,我们的电商战略也由此日趋明确。2011 年,奥康仅靠日常销售和偶尔的站内活动,线上销售额就接近了 1 亿元。更关键的是,经过三年多的磨合,我们的电商团队已经开始有模有样。

要作战,得有人。传统品牌想要杀到线上,豪情万丈之余总缺那么点底气,他们的心病莫过于怎么打造一支靠谱的电商军,既能跟传统业务做好衔接,又能接上电商的地气儿。三年磨一剑,这里抛砖引玉,共享实战经验。

建团队,先除心理障碍

建一个团队,先要有个定位。如果定位不明确,团队就很难找到归属感。作为传统品牌,线上领域充满未知,但如果仅把这支团队定位为冒险者就大错特错了,既无方向,也不支持,放任自流,必至毁灭。既然决定开辟新领域,就要预估困难,备好军粮。假设把电商团队比作勘探者,品牌商起码要贯彻三个方针:方向上予以指引,后勤上予以保障,策略上放手尝试。

成事者必要扫除业障。传统品牌组建电商团队,常见的障碍有三:一是观念上的障碍,要么不愿投入,要么不敢投入;二是人力资源上的障碍,既不知道找什么样的人,也不知道去哪里招人;三是管理经验上的障碍,对电商团队组织设计没有经验,在电商团队的内控梳理上要从零做起。

说白了就是,线下市场里怎么也是个报得出名头的主儿,猛地要去个不熟悉的市场抢地盘儿,总有点瞻前顾后。自然,观念上的障碍需要企业主的整体战略规划和电商决策支持去解决,想要尝试迟早都要迈出这一步,这里也无须赘言。倒是人力资源及管理经验上的障碍和纠结,可以细细道来。

要面对的第一个纠结:选择第三方外包还是自建团队?

从短期来看,选择第三方服务商能够使得传统品牌迅速切入电商市场,能够迅速扩张规模,打开局面。但弊端也很明显:一是第三方服务商与传统企业在文化融合和业务衔接上容易出现问题;二是规模扩张后可能出现利益纠葛,不利于品牌商对战略布局的把控。

从长远来看,自建团队发展业务属于"边探路,边铺路",在发展初期总会遇到人才缺乏、经验欠缺等问题,甚至可能举步维艰,但一旦挺过困难期,磨炼出来的团队和积淀下来的管理经验可就是最大的财富了。

当然,传统企业还可以通过收购成熟的电商团队来开展业务。但无论何种方式,都需要建立在充分了解电商行业的基础上,传统企业可以在前期调研市场和组建团队时,邀请行业资深顾问进行咨询。

第二个纠结：如何处理传统营销团队和电商团队的关系？

这真是个棘手的问题，很多传统企业都在这一环节茫然失措，搞得两头都不愉快。

在处理这方面的关系上，建议搞"一体把控，三个独立"。"一体把控"指的是传统品牌商的电商业务管控权应划归营销总监(或其他分管营销业务的高管)，这样有利于电商团队获得前期的庇护和支持。"三个独立"指的是：管理独立，成立独立的事业部或子公司开展电商业务，专项预算，独立考核；业务独立，主要是电商供应链后端的采购业务和前端的分销渠道拓展业务独立开展；办公场所独立，电商团队需要更加灵活多变的组织管理文化，独立的办公场所更利于电商团队的发挥。放权和信任实在是太重要了。

第三个纠结：内控流程如何梳理？

流程有多重要，相信很多有规模性团队的企业都深有感触，流程一旦出了纰漏，影响团队效率不说，每天忙着查缺补漏的日子也令人沮丧。传统品牌电商团队的组织架构一旦确定，首要的工作是根据架构进行内控梳理，确定基本的管理制度和业务流程，这里可是有很大学问的。

银子决定效率，一定要争取资金管理上的支持。电商团队在开展业务时，对工作效率的要求很高，上规模的传统企业内控流程一般比较漫长，如果在资金管理方面不能快速响应，很可能影响业务的正常开展。比如说一个临时决定的线上促销活动价值重大，但需要投入 20 万元左右的广告，事前却并无计划和预算，按照某传统企业的内控流程，10 万元以上的广告业务需要营销总监审批，这里就可能出现两种情况：一是该企业营销总监对电商业务特有的脉冲性和广告资源的稀缺性不了解，不愿意进行超预算投入；二是各个环节的审批人因为忙于线下业务，没时间进行审核和审批,等到审批完成后,可能广告资源已经落空,从而导致该项电商业务效果大打折扣或根本无法开展。反应太慢,是传统企业做电商很受人诟病的地方,所以企业主一定要再多点魄力,授权电商团队在合理的范围内自主决策,这样才可以有效地解决决策时效性的问题。

IT 很忙,数据很金贵。必须依托稳定、先进的信息管理系统开展业务方面的内控管理,因为开展线上营销业务时,大量的需求数据涌入,如果没有过硬的信息管理系统,是无法开展正常工作的。

没有最细,只有更细。业务流程要务求细致,任何没有细化到各个基层工作岗位、没有追究到最终节点的流程是没有丝毫意义的。当然,一个新组织的流程势必是在不断的摸索和调整中逐渐完善的,试错在一个电商团队内部应当是被允许的,"管理即是发现问题和解决问题的过程",出现问题并不可怕,可怕的是发现不了问题的根源,不能从根本上杜绝类似问题的重复出现。

架 构 搭 建 , 来 点 严 肃 的

业内交流,常常会问到或者被问到这个题目:你们公司的框架是怎么样的?先有框架,才能有针对性地搜罗人才。公司确认好电商部门的决策之后,就要开始考虑团队的组织架构问题了。在一个完备的传统品牌商电商团队组织架构当中,一般应包含有店铺运营、市场推广、数据分析、用户界面设计、品牌策划、产品组织、客户服务、仓储物流、财务管理、人力资源和行政管理等职能(见表 2－1)。当然,生产制造方面,相对于纯电商企业,传统品牌商对原有的供应链完全可以进行充分的整合和利用。

表 2-1 电商团队各项职能简单解析

职能	主要工作
店铺运营	预算及工作计划的编制与执行、店铺日常管理工作
市场推广	线上市场秩序管理、线上渠道拓展、流量导入等
数据分析	数据分析、用户体验优化等
用户界面设计	平面设计、前端架构设计、图片拍摄等
品牌策划	品牌调性的传导、促销活动的策划、文案设计等
产品组织	产品规划、产品采购、供应商管理、产品分析等
客户服务	售前及售后咨询服务、CRM 等
仓储物流	仓储管理及配送管理
财务管理	资金管理、预算控制、财务核算等
人力资源	组织设计、人力资源规划与配置、团队建设等
行政管理	组织文化建设、后勤服务、日常行政管理等

根据表 2-1 所示的职能分解及工作分配,一般常见的传统企业电商团队组织架构如图 2-1 所示。

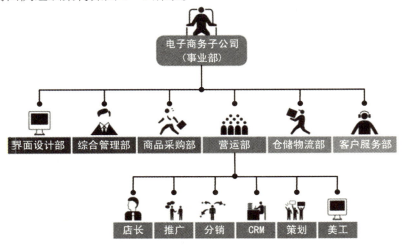

图 2-1 常见的传统企业电商团队组织架构

在资源配备不完备、部分职能需外包的情况下,可以根据各项职能外包的具体情况对上述组织架构进行相应调整,如设计和拍摄工作外包时,界面设计部门和美工岗位在组织架构中可不必设置,而由运营部直接对接第三方服务公司。

团队操盘手要懂电商、抓资源。

相较普通的纯电商企业,这里的操盘手夹在传统企业和电商团队中间,任务重,身份微妙,不仅要有一身运营好武艺,还要擅长"左右逢源",多为团队争取资源:

第一,行走电商江湖,总要技艺傍身。你可以不会电商实操,但你必须懂零售,传统企业可不喜欢外行指导内行。电子商务的本质是商务,在渠道拓展和深耕、产品规划和组织、促销的策划和执行、价格策略的制定和调整方面,无论是线上还是线下,大道归一,丰富的营销实践经验是首要标准。因此,没有电商的操作经验问题不大,但没有丰富的营销实践经验却需要慎重思考。

第二,要能够上传下控,左右逢源。良好的沟通能力是胜任这个岗位的关键。作为传统企业内部的一个新兴部门,面对线下营销体系对电商业务的心理障碍,电商团队操盘人是否能获得决策层的鼎力支持,是否能获得兄弟部门的友好配合,是否能争取到足够多的资源,对操盘人的沟通能力是巨大考验。

第三,强将手下无弱兵,极强的团队领导能力是基础。如何带好一支身经百战的老部队,操盘人的威望能解决大部分问题。领着刚开始的五六个人、七八条枪,迅速壮大,就需要强大的信念和感染力、过硬的组织协调能力和坚强的心理承受能力。传统企业的电商人往往愿意选择总成本领先战略,但很有可能因为决策层的不专业和不自信,导致战略缺失和资源投入短缺,从而最终导致了操作团队的不思进取和简单粗暴。这是非常危险的隐患,值得警惕。

核心人才配置则需要新老搭配。

在核心人才结构设置上,需要"老革命"搭配"新专才",具备丰富经验的传统营销人和熟练掌握线上营销专业知识的电商人结合使用。内部派出的传统营销人依靠其多年积累解决格局问题和内部沟通问题,外部引入的专业电商人解决细节问题。两种类型的人才如何形成合力?首先,传统品牌商须在讨论中确定电商业务的发展战略规划,形成共识;其次,在形成战略共识的前提下,明确职能分工和沟通机制;再次,双方开放心态,开展双向学习,各取所长,在统一的目标指引下携手共进。

团队若想要健康可持续地发展,人才的梯队建设可要十分重视,否则即使操盘手累得七荤八素,员工的成长性也并不看好。在梯队建设方面应当注重储备人才的规划和培养。因为电商业务的发展速度是非常惊人的,一旦业务规模扩大、渠道扩张、职能细分,对各类型人才的需求量是成倍增长的,如没有合理的人才储备,极有可能在过快的业务增长过程中纰漏百出。另外,在具体执行层面,注重"传帮带"机制的养成,主管对下属成长的责任制、团队整体的分享机制、学习型组织的支持机制,都是操盘人需要深思熟虑的问题。

人才和诱饵

说了各种关于团队的方方面面,终于到了打地基这一步,那就是:英才何处觅?电商圈可真不是个天涯何处无芳草的地儿,这里水货横行,价格虚高,若要求得贤才,可真当是要费九牛二虎之力。这里贡献两招:可以考虑将有意愿的、运营成熟的电商团队整合入自己的团队,优势很明显,不用手动配置,团队较为齐全,当然,缺乏对团队的完全掌控力可能是隐患。第二招则是逐个击破,通过有耐心的、有清晰职业规划的培训培养属于自己的专业技术人才。在这方面可以与第三方开展深入合作,这样培养出来的人才归属感强,稳定性强,且在专业技能方面能够做得更加扎实。

要敢于运用新人。在人才招聘时,用"老标准"容纳"新人类"。业内对 80 后、90 后人才的个性颇有夸大之处。无论哪个年代的人才,拥有事业心、责任心和学习力是其之所以出类拔萃的不二法门,成长环境决定其事业心,性格决定其责任心,态度决定其学习力。在选拔人才时,这一"老标准"必须坚持。但各个年代的人才,确有其时代烙印,80后、90 后人才有激情、可塑性强,其成长历程始终浸润于互联网文化,与线上客户有着价值观和消费观念上的强烈共鸣。传统品牌商应当在充分考察年轻人才综合素养的基础上,加大团队中年轻人才的比例。

薪酬体系直接决定着员工的满意度。业内目前比较通用的薪酬体系有如下特点:一是在结构上采用"基本工资+提成"的模式;二是在发放上采用"小步快跑"的方式,及时兑现;三是在激励上采用"目标考核、多劳多得"的原则,最大限度地调动员工的积极性。

这里有个关键,尤其是在进行客服人员的薪酬设计时,特别要加强合理的激励措施,以保证他们的服务品质,调动他们主动营销的积极性。比如,基本工资可以根据客服的工作能力设置在合理的水平(如设立从实习客服的 1500 元/月至资深客服的 3000 元/月的薪酬梯级),完成预算范围内的提成部分可以通过财务预测设置在合理范围内(一般有两种提成方式：按销售数量提成和按销售额提成，企业可根据自身所处的发展阶段和不同的营销诉求灵活设置），若超预算完成任务，则可提升销售提成比例。总之，电商团队的薪酬激励体系的设置应当遵循"有保障，有奔头，能者上，庸者下"的原则。

　　传统企业搭建电商团队的难点，更多在于理念障碍。随着传统企业强势收割电商领域的时机到来，个人英雄主义时代已经过去，卓越团队主义革命已经到来，这里不需要牛人和绝招，只需要机制和创新。

创新，改变这个世界

赵 浦

十月妈咪，快时尚慢公司

说起孕妇装品牌，很多人的第一印象就是"十月妈咪"。似乎在此之前很少听说孕妇装也会有品牌的。而这个品牌也和以往的不一样，一点都不老土，反倒有几分洋气，不仅请来辣妈小 S 做代言，还在热播剧《夫妻那些事》中植入宣传，多少让人有些好奇它的幕后操盘手到底是何许人也。

已过不惑之年的赵浦创业已有 20 余年，其中 15 年花在了"十月妈咪"上，他说自己还算专注，不然当中间出现各种诱惑的时候，早就去做其他项目了，何必苦苦守着孕妇装这个说大不大的市场。还有就是要创新，跟得上潮流，从孕妇防辐射服，到手机上的 APP 应用程序，只要是最新技术就会去尝试。眼看电商市场越来越火热，他也亲自深入了解，两个月后便入驻天猫，这种亲力亲为在传统企业中实属少见。

冷行业热市场

毕业后从商,对赵浦而言是一件机缘巧合之事。

生长在义乌,从小对商品交易有些耳濡目染,但父亲是教师,母亲是医生,赵浦年少时接受的是考大学进事业单位或是考公务员的教育。因此,1991年南京大学一毕业,就进了杭州的华东设计院工作。

但这种看得到头的日子,过了一年他就开始厌倦了。不顾家人的反对,向朋友借了30万元,赵浦开始在杭州创业。当时,来钱最快的是外贸生意,但和那些外语能力强的人不同,学理工科出身的赵浦知道自己在语言能力上比不上别人,于是就找自己懂行的化工类行业,而且"那个时候大家一窝蜂都在做外贸服装,我觉得没啥市场优势"。他选了无人问津的灭火器材,三个月赚了100万元,不但把之前借的钱还清了,还在杭州买了套60平方米的房子。这让赵浦一下子体会到了创业的惊喜。

随后,他又做了兽药、教学器材等生意。没错,这些又是冷门行业。但在赵浦眼里,很多人做的事并不代表高利润,而有些行业尽管准入门槛高,进入之后却往往别有一番天地。正是前期在这些狭小领域的掘金,让赵浦对细分行业产生了浓厚的兴趣,并开始尝试在大行业中找切入点。

做了一段时间外贸后,赵浦开始关注服装行业。此时,江南布衣等杭派女装已占领市场较多份额,想要切入比较困难,他也不想蹚这浑水,而是观望着看有什么细分类目可以做。刚好,朋友有一批出口日本的孕妇装,让他帮忙拉到上海做检验。检验之后剩下的几件样品,看着质量不错，就送给了身边怀孕的朋友们，大家都觉得特别好，多次问他能不能再买一些。

当时，大多数孕妇装还是和婴幼儿产品一起卖的，或者在市场里设一些小摊，没有专门销售的店铺，市场上出现的一些品牌也是台湾地区或日本的，国内尚未有针对这一市场的专业公司。赵浦一下子就意识到这是个空白市场。

他的第一家孕妇装店开在杭州庆春路上，虽然只是16平方米的小店，但生意出奇地好，到了周末还会排长龙，连电视台的创业栏目都过来采访，15天接到了3万多个咨询电话。此时，赵浦发现，孕妇特别容易聚群，黏性强，买了某样东西觉得满意后会持续买下去。在"孕一婴一童"服装产业链中，孕妇装正处在最前沿。而且，都说女人和小孩的钱最好赚，抓住了准妈妈的心，不就等于两者兼得了吗？

这个生意有得赚！赵浦决定做下去，于是就注册了"十月妈咪"品牌，从杭州到南京一家分店一家分店地扩张。因为是做女人生意，之前店铺还只是太太在打理，后期实在忙不过来，1998年年底他停了外贸业务，加入了夫妻创业的大军。

孕妇首先是女人

进入这个行业后，赵浦才发现它的内在有多大。

"中国女装基本上是舶来品，将欧美时尚转化为亚洲的时尚文化。日系、韩系都一样，是把英伦文化亚洲化。但孕妇装不同，亚洲和欧美有很大的区别。亚洲的孕妇装除了要时尚，还要与生育文化相结合。"在对市场进行了解后，赵浦发现孕妇装与女装还是有很大区别的。从文化背景上就有很大差异。

　　欧美注重曲线美，即使怀孕也不避嫌，习惯穿着使用莱卡或者舒适的弹力棉，而亚洲人则是喜欢遮掩的，尽量采用宽松和天然的材质对隆起的腹部进行遮盖。当时国内的孕妇装市场也还处于初级阶段，以台湾品牌为主，大多延续了日系孕妇装的概念，不是很时尚，但是偏功能性。

　　如此，区别就有了，逆向思维时尚化就是一个途径。尤其是80后女性陆续进入生育期，她们除了注重产品功能外，更注重设计、品质和品牌。赵浦说："有些白领怀孕了还要继续工作，或者要出席一些场合，所以孕妇装对她们而言还要穿得得体。"在分析了市场需求后，针对80后准妈妈们，"十月妈咪"更显时尚，目标客户群为中上收入的知性白领阶层。公司进行了很多大胆的尝试，找来台湾设计师，红色、黄色、绿色等亮丽的色彩都在孕妇装上出现。在咖啡厅内拍摄画册，用场景烘托产品，谁都没想到孕妇装也能拍得别有韵味。

　　风格可以模仿，而产品的差异化还体现在功能性上。比如，把衣服做成假两层，便于在妈妈哺乳期喂奶。而在裤子腰部加了宽弹力棉之后，就可以使一条裤子从怀孕初穿到最后。这条神奇的裤子还曾让品牌代言人小S为之动心，将拍摄宣传照之后的样品购买了下来。

　　孕妇装本身行业门槛较低，想提升门槛，还要从技术上加强，开发防辐射产品。现在的防辐射服已经不是以前那种厚棉布马甲式，绸缎面料、珠片装饰，功能性和时尚性同样重要。虽然业界一直有关于防辐射服功效的质疑，但赵浦坦言："这就好比保健品，你说它有多大功效？它能起到的是防御功能而非治疗。"所以，如果经常处在周围有很多辐射地方的孕妇是有必要穿着的，但也不需要刻意去宣传其功效和重要性,以免物极必反。

很多功能的创新都源自赵浦和太太平常在店里和顾客的沟通,或是去国外了解最新的设计趋势。"站在消费者角度,我想这一点大家都懂,但懂了之后还要去做,去实践。"消费者对设计要求的提升,使得一些没有设计能力的企业被淘汰,如此,对于真正能做好设计的企业就有了更多的空间,且溢价能力也进一步提升。这也是为何"十月妈咪"一件商品的售价可以高达千元,利润空间可以达到65%的原因。不得不承认,这是在电商价格战的今天,许多企业都渴望达到的。

年轻态,一切皆可娱乐化

当大家都在学做快公司时,赵浦却倡导慢公司,做深了就要慢。

这多少与他的性格有关,沉稳,不喜欢冒险。"我基本上都比较扎实,一般不会打没有把握的仗,基本上都是思考完了再来做。"在创业的这些年中,他从未炒过股,也不炒房地产,最多是在北京、上海、杭州等大城市买几个商铺和摊位练练"眼光"。赵浦只专注于他的那块领域。

如今,"十月妈咪"在全国已有600家店铺,其中300家是直营,这与传统服装行业渠道拓展以加盟为主有很大差别。曾经有一次,在与加盟商协商时,对方提出要把奶粉、童车等婴幼儿用品一起放在店内销售,虽说是有连带销售的产生,但对品牌形象却是很大的损害。因此,赵浦提高了加盟标准,并把渠道开拓定位为以直营为主,加盟为辅,国内一线城市的商城店和街边店都以直营为主,二三线城市才会考虑加盟。

谨慎之余,赵浦也会关注新鲜事物。最让他得意的就是营销上的创新。他的手机铃声是一段节奏劲爆的 HipHop 歌曲,这首歌正是"十月妈咪"的广告曲。"谁说适合孕妇的只能是舒缓、温柔的音乐?劲爆的舞曲也可以啊。"此种定位也是从品牌定位 80 后的角度出发,80 后是"辣妈",就像品牌代言人小 S 那样时尚率真。现在也有很多电视剧是反映 80 后创业奋斗或是情感生活的,如《夫妻那些事》,在该剧中也能看到"十月妈咪"的植入广告。当然,他的植入并非生硬的产品展示,而是将品牌推出的彩色孕婴图书出现在女主角的睡前读物中。公司还开发了 APP 应用程序试衣魔镜等,所有这些营销活动都围绕着一条准则——以公益形象示人,用创新的产品开发市场,进行娱乐化传播。赵浦对自己说,准妈妈们永远是二三十岁的人群,所以心态一定要年轻。

说到年轻,淘宝是必需的。在 2010 年的时候,赵浦开始接触电子商务。当时,周围的人都开始关注线上市场,他也结识了一些从事电子商务的人士。彼时淘宝市场已经成熟,淘品牌占领了一线梯队,淘宝商城(现天猫)为推动市场,开始引入一些传统品牌,赵浦觉得时机尚可,传统企业终究要迈出那一步,便在当年年底上线。前期市场调研和筹备都是他亲自参与的,没有半点怠慢。"很多传统企业把线上作为产品销售的另一渠道,将运营交给第三方或者撒手不管,我不这么认为,自己辛辛苦苦做起来的品牌给人做砸了怎么办?"骨子里,赵浦多少还是有些慎行。

这与当初对加盟商的严苛管理如出一辙,而正是当时的严格使得他现在开展电子商务省心不少。很多传统企业做电子商务受阻是因为被加盟商绑架了,无法实施定价策略。"十月妈咪"刚开始计划做电商时,加盟商也有困惑,担心线下生意受到冲击。但赵浦只说了两点:第一,产品不好,受影响最大的是公司而非加盟商,公司的店最多,加盟商大不了换个品牌做;第二,即使线下生意受冲击,受影响的也还是公司。因此,公司都不担心,加盟商还担心什么? 不过,为了打消顾虑,最终赵浦还是决定分两条产品线,线上的生产周期要快,且产品利润控制在30%。电子商务部直接对赵浦负责,遇到线上与线下业务冲突时,他会亲自协调,并制定新的管理流程。仅在上线一年半之后,十月妈咪天猫旗舰店月销售额就达到 1300 万~1400 万元左右,占据了类目第一的位置。

或许与从事母婴行业有关,赵浦很注重"家"的文化。公司是"大家",员工的利益放在首位;自己的家庭是"小家",无论多忙都要把吃晚饭的时间留给家人,吃完饭再出来应酬。"十月妈咪"是他和太太养育了 15 年的小孩,而孩子大了总归是要嫁人的,他自己也有私心想早点退休多陪陪家人。早在 2011 年,在接触了上百位投资人后,赵浦接受了红杉资本等两家机构 6000 万元的投资,看来,这位"爸爸"已经开始为自己的"女儿"物色婆家了。

(文 | 王晶菁)

第三章 创新,改变这个世界

【独家心得】

创业的舍与得

赵浦 口述　王晶菁 整理

如果不从商，我现在可能还待在华东设计院，干着评估安吉的森林环境或是千岛湖的水利影响的工作。但我并不喜欢那样一成不变的生活，尽管可能现在的生活没有那么安逸，每天晚上我要 2 点多才睡觉，但这是我自己的选择，有舍才有得，说的就是这个道理。

小的时候，家的对面就是集市。可以说，我是亲眼看着义乌小商品市场从最初的路边摊到有个遮阳棚，再到后来政府统一规划有个市场，如此一步步发展起来的。虽然我爸妈不做生意，但叔叔做生意，所以还是会好奇这生意到底要怎么做。因此，大学毕业后，一有机会我就自己去闯。

当时，朋友让我抽空给一个台湾老板当助理。这个老板每次来杭州的时候都住在望江宾馆，有一天谈完业务后就去楼下推拿店推拿。推拿不能带太多东西，贵重物品放在宾馆的房间里也不安全。于是，他就把包交给我保管。我把包带回家，往床底下一放就睡觉了。那个时候，他应该就是在试探我，事后还问我知不知道包里装了多少钱，而我真不知道。

这件事之后，这位老板就让我跟他去东莞，做他的助理，年薪 26 万港币，这可不是一笔小数目。我就猜想他到底看中了我什么，估计是老实吧。但我最终没去，还是想自己创业，就在杭州。

一开始创业，做的都是很冷门的东西，因此也对细分行业有了感觉，这跟我后来选择孕妇装多少也有些关联。孕妇装是做女人的生意，一开始都是老婆在店里招呼，后来生意做大了，公司要规模化了，我就把当时手里的外贸停了,跟她一起做。以前,我是她助理,开了公司后,她就退居二线了。幸好我们两个是互补性格,所以也没发生太多矛盾。公司做大后,我觉得杭州这个城市并不适合大企业的诞生,相对而言上海的开放度和职业性更强,于是就把公司搬到了上海。

做企业也要充电,2002 年我去上了中欧国际商学院的 MBA,刚好很多业界大佬也是那一届的,例如王佳芬、牛根生、李东升等,这就让我有机会向他们学习,参观他们的企业。好的学习方式,除了自己看书就是与人交流了。

在这个创业过程当中,也出现过一些诱惑,有人要投资我们,但我拒绝了,因为我觉得还不是时候。我一直把"十月妈咪"当成自己养育的小孩,让别人投资,就被牵制了,总归不好。就像我不愿意有过多的加盟商参与线下渠道,电子商务也要自己监管一样。

但现在,我又有点想明白了,自己年纪大了,不可能一直干下去。所以,适当的时候还是会选择接班人,就当是给公司找婆家了,起码我可以把好关。在现在的电商模式中,我比较看好 C2B 和移动+电子商务+门店的模式。C2B 就是个性化定制,这是符合大趋势的。年轻人总有很多个性化的需求需要满足。此外,就是移动+电子商务+门店的结合,可以让消费者在线上查看商品,然后通过手机找到我们最近的门店,去店里体验试穿,如果觉得满意,线上线下均可下单,这样就完全打通了线上和线下中间的隔阂。无论怎么说,我做的也是时尚产业,这些潮流的东西总还是要懂一些的。

现在想想,创业就是一个舍与得的过程,你会接触到很多诱惑,需要作出选择,每一步都需要平衡相互之间的关系,真的是步步为营。值得庆幸的是,我都坚持了下来,并根植在这个行业。

青龙老贼

改变媒体的生长形态

2014 年 3 月 13 日，WeMedia 自媒体联盟完成了 A 轮总计 300 万美元的融资，这是自媒体形态诞生以来的首个融资案例。如果把时钟回拨两年，青龙老贼很难把这一切和自己联系在一起。误打误撞玩起微信公众账号，和一群好"基友"创建 WeMedia，辞职北上正式搭建自媒体联盟，和潘越飞、刘琪等人一起倒腾出了一本畅销书，这几次的转身被浓缩在不到一年的时间中。

整合的玩法

说起青龙老贼，他曾经做过《青年时报》的技术总监，也曾在新浪扛过几年的产品技术大旗，而真正让他投入自媒体圈的还是浙报传媒梦工场的投资生涯,这一年让他实现了从技术到自媒体的华丽转身,用他自己的话说,这是一个偶然的机会。

2012 年,意识到产品技术工作的一些壁垒,老贼加入了传媒梦工场,专注于 TMT 领域创业项目的投资工作。平时写一些行业报告,做点产品分析,逐渐有了行业积累,文章也开始在科技博客以及 TMT 网站上发表,自己开设的微信公众账号更是在一个月时间内积攒了 5000多个粉丝,除了内容,老贼也研究起了微信公众平台。为了随时聊互联网、聊媒体,老贼、潘越飞、许维这几个混迹在微信公众平台上的自媒体人创建了一个微信群 WeMedia。随着群里成员的扩大,尤其是粉丝量级的不断刷新,老贼看到了自媒体联盟的可操作性。

"自媒体人通过账号做一些分享,与传统媒体最大的区别就是用户。以前媒体的读者一般是订阅用户,而不是粉丝,所以信息是单向的传播,互动不起来,参与成本也很高。"《IT 经理世界》资深记者刘琪是最早一批加入 WeMedia 的成员之一,他觉得自媒体的运营可以精准到某一个细分族群,即账号的粉丝。被业界认为比较了解自媒体行业的起源资本创始人雷中辉也曾经说 2013 年自媒体行业收入的整体规模肯定超过 10 亿元,而这个蛋糕可能越做越大。

所以当大多数人对自媒体联盟持观望态度时,青龙老贼的执拗和信心被激发出来,"本身我自己有一定的自媒体运营基础,自媒体想要实现商业化,单靠个人的力量远远不够,而如果结合几个人或者很多人的资源来一起操作,效果就非同一般了。"在老贼的初步规划里,WeMedia 就像是一个工会组织。

而站在自媒体人的角度上,刘琪在 2012 年 8 月开通微信公众账号,作为传统媒体人的他当时只是为了体验一下新媒体的玩法:"当时

第三章　创新,改变这个世界

我自己运营,账号的粉丝增长很慢,加入平台之后,成员的账号之间开始互相推荐,这样对粉丝的增长很有帮助。另外,我们成员之间经常交流分享自己的运营经验,后来还把对微信的了解和案例共同写了一本书。其实自媒体人不仅可以写文章,还可以跨界去写书、演讲等等,WeMedia最大化释放了个人品牌的影响力,而且有了一个平台之后,这个平台就相当于自媒体的专家库,企业想要合作就可以利用WeMedia的自媒体人资源针对性宣传,相应的广告需求也日益增加。"

2013年5月,老贼果断辞职投向了自媒体创业。实际上,WeMedia在2013年6月就已经获得金种子创投基金200万元人民币的天使投资,金种子创投基金的负责人董江勇曾表示,在寻找投资方向时将焦点放在了微信相关的平台,而投资WeMedia更多的是投资未来的趋势,看中了其与企业商业合作的巨大空间。

一切都顺理成章,在腾讯的合作伙伴大会上,它是少数几个官方推荐的自媒体平台之一。这之后,WeMedia开始有了自己的线下活动,同步也在扩大成员的规模。此时,作者的加入不再那么简单。每个月申请加入联盟的人大概在60个左右,而老贼一般只通过15~20个,"主要还是看账号内容的原创比率以及内容质量,打个比方,一个讲钓鱼的公众账号,乍一看商业价值不会太大。但其实仔细一想,商业化的机会还是存在的,比如可以做钓鱼钓具的电商、可以组织钓鱼的活动等等"。或许是之前的投资经验,老贼看重的还是其能否带来新的商业模式。

变现,不只有广告

放眼早期的博客、微博,其实都属于自媒体,但借着这股移动互联网的势头,微信公众平台上成长起来的账号风头俨然盖过了它的前辈。和前者相比,后者的传播渠道发生了改变,在微信公众平台上,自媒体人可以精准地推送信息给所有关注账号的粉丝,这是博客和微博无法做到的。

当 WeMedia 自媒体联盟逐渐规模化生长,难免引来别人对模式的抄袭和照搬。"你就算抄袭了我所有的玩法也不可能一样成功。"抄袭者能偷走的只有概念。只是就像人人都可以开通自媒体账号,但未必每个人都可以被称为自媒体人。WeMedia 对联盟成员进行账号运营经验的指导和分享,帮助整合其他平台的资源,进行账号和文章的推荐,甚至联盟成员出书的签售会,老贼也可以安排专人负责场地和赞助商接洽等工作,并且这些都是免费的。"考虑到有些自媒体人比较忙,我们也会有人去帮忙打理账号,包括账号的互动和后台的维护,必要时还有一些技术上的支持。"老贼一直把自己定位为服务者,一些好的自媒体人达到一定的影响力之后,联盟帮他们代理一些广告、商业活动、培训、咨询等,这里面可能会产生一些收益。

当然,WeMedia 还有很多隐性价值。

获取流量,品牌增值。持续创新的内容生产对于任何一种媒体形态来说都是不可或缺的。2014 年元旦,老贼原本只是想让联盟成员做一个年终总结"我和自媒体的这一年",顺便再拿一些福利来犒劳一下作者们。通过账号粉丝的投票,做出自媒体人影响力排行,看似普通的一次活动,却引来了自媒体作者们的疯狂拉票,参与人数超过 30 万人次。其中与招商银行的合作更是让老贼意识到了商业化结合的更多可能性。这种看起来自娱自乐式的玩法,原来也是奏效的。"这次活动触及了自媒体人写作的兴奋点,自媒体人带上了自己的粉丝群来一起互动。"无形中给 WeMedia 提升了品牌价值。

专属产品，粉丝经济。先积累用户再考虑赚钱是多数自媒体考虑的商业模式，聚焦好了人群，等于先瞄准后开枪。"粉丝量到了一定的阶段，可以慢慢尝试粉丝喜欢的内容。比如做文艺社区的微杂志，在培养了用户的基础认知后，开始问粉丝需不需要出书，这时粉丝的反应很强烈，这就有点像自出版，最后通过互联网卖出去。这就是基于族群跟商业化在做结合。"现在已经到了族群经济时代，每个自媒体账号有一个族群，这个族群可以孵化出自己的品牌，而 WeMedia 就像一个孵化器。如今，老贼仍然在计划引入一些其他行业的作者，让自媒体人互相监督，发现有价值的内容。自媒体人需要一个优质的贩卖内容的平台，而联盟的核心是自媒体人，让服务平台化、标准化发展，才能让服务实现量产。这时，青龙老贼有了更加大胆的想法："今年会开始自媒体人的扶持计划，不光让他们在平台里面待着，也会给自媒体人投资，像发展艺人一样，做他们身边的经纪人。"

企业合作，定向推广。2013 年 4 月，步步高考虑到 WeMedia 联盟里的账号都集中在科技和新媒体领域，而订阅者大都是数码尝鲜者和中高层管理人员，这些都是 Vivo Xplay 的主要客户群，步步高试图通过自媒体的影响力来推广 Vivo Xplay。2013 年 5 月 27 日，WeMedia 联盟里的 20 余个账号分别发送一次软文和硬广告，引起粉丝的 7000 多条转发，这种通过自媒体账号和粉丝进行互动，抢先给粉丝体验无疑是比较精准的营销尝试。"来寻求合作的公司一定是善于抓族群的公司，肯定看到了 WeMedia 的族群优势，自媒体的传播是其他平台比较难参与的，而联盟里的自媒体人可以自由选择是否参与每次的商业合作。"

当然，WeMedia 也可以通过硬广展现、文字推荐、互动活动来承载广告，广告价格依据广告形式会有区别，例如自媒体当日消息首页图文和正文推荐的起步价在 1 万元 / 账号。忙于 WeMedia 的事务，现在老贩少了很多时间去运营自己的自媒体，文章发布也不再那么频繁，但他一直会给自己的粉丝回复，因为他知道，这是作为自媒体人该有的坚持。

（文 ｜ 孙瑶）

第三章　创新，改变这个世界

【延伸阅读】

那些混迹互联网的媒体人

孙瑶 文

2013 年，"本来生活"这家电商新丁在褚橙效应下，赚足了关注，但它看上去更像一家媒体。每周的产品会被称为"选题会"，每个产品都需要讲出卖点，负责采购的区域买手等同于"记者"，搜集各地的产品上报给运营，运营自然就担负起了"编辑"的角色，而对产品褚橙的打造，更像是精心策划的一次专题报道。这与团队的媒体基因不无关联：创始人喻华锋、总裁助理杨学涛、运营中心副总经理唐宋等核心团队都是媒体人出身。

当然，"本来生活"只是带着媒体思路创业大军中的一员。就在大众仍在争论传统媒体的出路时，这群媒体人却带着多年的媒体思路杀入互联网，成为自己报道过的商人。苏娟，"她生活"创始人，经营微信第一女刊，目标直指城市轻熟女，正式上线 4 个月后就聚集了 2 万多名"她蜜"（用户名称）。虞萍，拥有"乐活良品"这个贩卖生活方式的电商平台，用讲故事的情怀切入产品。一个专供新媒体，一个主打电商，本没有什么交集，但她们共享一段作为"媒体人"的经历。

像媒体一样经营人群

媒体说到底做的是人群的生意。《新周刊》做的是对时代变迁有感悟的高学历人群，《创业家》做的是创业人群的服务，《故事会》则是面向三四线的草根人群……各自人群的聚合源于内容，以及由此形成的价值观。

作为媒体人出身的苏娟也正在将她生活打造成城市轻熟女的聚集地。时间回拨一年，2013年年初，"她生活"还仅仅只是苏娟自己策划拿来玩的东西，不想，在3月底就聚集了700多名粉丝。从媒体人到投资移动互联网的职业经历，让苏娟嗅到了"她生活"的价值。于是，她辞职投身创业。

从一开始，苏娟就没有培养记者去采写和编辑内容，而是找来真正热爱生活的意见领袖和达人来写文章，并且脱离了以往媒体的操作方式。就拿搭配主题来说，时尚杂志呈现的是搭配技巧，而"她生活"则从"你的内心世界是个什么样的人""你是什么风格的姑娘"逐步分解到"你要做什么样的搭配"，将内心建设和外部搭配结合起来。于是，在"她生活"的账号里，看到的是诸如360度拆解大叔、闺蜜的梳妆台、心理蜜语等栏目在微信公众账号平台上，"她生活"以闺蜜的姿态给予用户客观直接的生活建议，在这里，用户的名称是"她蜜"，"她蜜"们则把"她生活"叫作"她她"。

随着稿源和作者的增多，"她生活"的很多栏目进入了堵塞状态，苏娟一边控制稿子的数量，也一边在设想"她生活"的未来。她设想，以后"她蜜"可以在"她生活"上看到视频节目，也会有长期聚集于某一人群的"她蜜团"；或者签约作者中的微电影导演将"她蜜"的故事写成剧本拍成电影，作家把"她蜜"的情感素材写成书……不同渠道呈现不同内容形态，同时又可以在不同的平台上把"她蜜们"召集起来。

"我不会长期只做内容，只是说我现在通过内容聚拢了人群，用价值观影响了这部分人群，'她生活'其实是一个服务平台。"苏娟把"她生活"定义为服务提供商,也期待能成为未来的女性媒体品牌和情感营销基地。不过这一切的前提是保持强大的媒体属性。在苏娟看来,以产品聚合人群,用户的黏性来自于产品,这势必会陷入产品更新迭代,以及激烈的竞争中。但是,如果用户的黏性来自于传递的某种主张或者价值观,那么用户就可以持续聚焦,甚至跨渠道、跨品类的转移。换句话说,媒体思维下的产品除了具备基础功能之外,尤其需要强烈的情感诉求。

不卖产品卖内容

内容为王,很多年来都是媒体人的信条,说故事的技巧往往也在这群文人手中。在苏娟眼里,"她生活"是反传统媒体的产品,"我们把广告的价值变成用户需要的价值,而不是利用广告在消费用户"。不难理解,传统媒体投放广告,很多读者只能被迫接受,而在新媒体下,用户的信息渠道很丰富,如何让用户愿意点击广告是一大考验。

因为积累了很多女性用户,"她生活"吸引了周生生、乐蜂等一线品牌的合作。当品牌商有推广产品的需求时,"她生活"首先邀请知名的情感作家来写文案,其次让品牌商对"她蜜"提供打折或者优惠试用的活动。比如,想要推广一种精油,这时,一篇文章的内容包括精油的生产过程、精油的使用方法等,这比单纯的品牌优惠信息更加吸引用户点击。比起过去简单粗暴的广告,现在的商家更关注投放带来的实际商业转化。通过讲故事让用户产生信任,这是媒体人的优势,而"她生活"提供的服务,正是通过一定的内容影响,聚合一定的人群,带动一定的实际销售。纵观女性市场,女孩对内容和购物的需求是一致的,于是一条商业和内容的价值链便能完整传达新品牌或者新产品。

而做过营销高管，自称是半路出家的媒体人虞萍2007年加入现代传播集团，成了《优家画报》的创刊人。2009年，感受到App的火热，她又再次创办了iWeekly中国画报，在iPad、iPhone等移动平台集结了900万读者。把杂志上的专题嫁接到电商平台上来，将产品搬上来销售，虞萍再次跳进了本不怎么熟悉的电商圈，创办了"乐活良品"，贩卖健康的生活方式。当一个平台不仅能带来信息和知识，还能通过销售将后续更大的价值发挥出来，平台就会出现内容以外的黏性。

对于女性用户占70%的"乐活良品"来说，她考虑更多的是如何在商品呈现上下功夫。"每一次产品的上架都有一篇文章配相应的产品。"虞萍聚焦寻找差异化，主打有历史传承和故事感浓厚的产品，媒体本是价值观的宣导，价值观和商品之间的结合会让信息做到更好的传达。

首先选择商品是重中之重，必须符合品牌的价值观，考虑品质及商品的故事性；其次，单个产品很难形成一种生活方式，需要应用场景搭配很多商品来组成，所以产品基本都是配套组合；当然最重要的是如何去传递信息，除了那些理性的物理指标，"乐活"做得更多的是加上编辑对产品的理解，把感性的认知放进产品介绍中。"做媒体挺好的一个点就是你知道如何去表达，做电商不能跟消费者面对面沟通，所以要考究的是你的文字功底。"2014年，虞萍计划通过C2B的方式，选择一些独特的商品供消费者购买。

跨界释放能量

说到底，媒体无处不在，甚至可以说百度也是一家媒体公司，因为它也产出内容。在创业之初，苏娟选择了微信这个离用户距离最近的工具，以实现媒体价值的释放和新媒体的转型，而虞萍则建立了电商平台，以传达健康生活方式的理念。她们都借用了互联网和媒体的经验，进行跨界融合。

酒香也怕巷子深，媒体多了，用户分散了，品牌打造也就更难了。虞萍为此也铺开了"乐活良品"的多渠道推广，更强调移动端运营。"乐活良品"有自己的独立 App，打开 App 可以看到内容基本以专题形式呈现，美好节日、节气养生、身心良方等主题搭配相关产品，颇有场景购物的氛围。同时，乐活良品开通的微信公众账号和独立 App 的运营思路如出一辙，毕竟用户需求是一样的。

现在，媒体已经是一个泛化的概念，媒体思维其实是一个把商业做成几何式放大的思维，媒体人创业也不再只是简单地照搬原有的思路下海经商，而更需要认清产品和商业的本质，运用互联网做好融合，将思路放大到某个垂直行业里。

金 犁
墨迹，天气软件也能社交

在相机镜头前，金犁努力睁大眼睛，用手理了理团队会议后还没有来得及换下的有些褶皱的唐装，一脸抱歉的神色："忘了拍照这茬儿了，应该穿身儿正装。"

在 2013 年，这个身高 1 米 85 的 1982 年出生的大男生就曾出现在湖南卫视的一档综艺节目《天天向上》中。那是他第一次上电视，同他一起亮相的还有唱吧创始人陈华，以及 Camera360 的徐灏。同为工程师出身的创业者，金犁显得沉稳、内敛，还带着一丝羞涩，虽然彼时已经是他离开塞班公司创业的第四个年头了。

金犁的"墨迹天气"创立于 2009 年，是个名副其实的资深 App，截至 2014 年 4 月，用户量已经突破 2.7 亿。到 2013 年，其已经进行到第四轮融资，金额也从百万级提升到了千万级。而墨迹天气仍保持着每天新增 20 万用户的高速增长,在天气应用的榜单里稳稳霸住第一的位置,并推出了时景天气、穿衣助手等一系列基于天气的衍生功能。

这是一个苦逼的故事

谈起自己的创业经历,金犁在"机缘巧合"和"命中注定"中挑选了后者,而用他自己的话来描述,更倾向于"这是一个苦逼的故事"。

2008 年前,金犁已经加入了当时如日中天的塞班公司做一名工程师。这份当时在他自己和外人看来都相当不错和稳定的工作,也曾给他带来极大的满足感。彼时市场上最炙手可热的手机品牌诺基亚搭载的正是他们公司的 Symbian 系统,想到自己做的程序能被这么多人用到,他难掩兴奋。然而,这一年发生了一件大事,塞班被诺基亚收购。于是,金犁来到了诺基亚,之前的代码废弃了,什么也没有换来。没想到的是,同样的"遭遇"在金犁来到诺基亚后又再度重演。

后来,他在回忆这段经历的时候喜欢用戏谑的口吻:"我写了三年的代码完全没有用,这不能忍啊!"从那时起,出来单干的想法便在金犁的脑海中开始盘旋。

2008 年 12 月 30 日,刚满 26 岁的金犁突然意识到"我得开始了",这个年纪开始创业虽然不算晚,但是也不属于早的。显然,鲁莽冲动不是这个摩羯男的性格,他不仅在开始前将创业的得失利弊在征询家人朋友后分条缕析列好,更在作出决定的第一时间就"躲"起来编程序写代码。朋友回忆道:"那时叫他出来聚聚,他就用一个理由拒绝,写代码泥。"

做一个什么样的应用？在金犁脑子里早已有了打算：天气。第一，这个看似简单的功能却是生活"刚需"，人们的日常生活也许未必与唱歌、晒图有关，但是一定与天气有关；第二，做一款用户必须联网才能使用的产品，尤其在移动互联网时代，能联网才有互动，才会产生价值；第三，用户的使用频次必须足够高，每天至少打开一次，"尤其是雾霾天儿多了以后，用户对空气指数的关注度非常高，每天都会不停地去关注"。更重要的是，天气应用市场当时还处于相对空白时期，尤其在塞班时代，软件研发者经常抱着"自己玩儿"的心态，并不注重 UI 设计和功能延伸。

在金犁利用业余时间写了半年代码之后，墨迹天气的第一版终于在 2009 年 5 月发布。由于当时还没有软件市场或者应用商店，用户一般都是在论坛上找到并下载应用。所以，金犁只能先在塞班论坛的几个区以及 UC、泡椒网等上面自己写帖子去推广，还一度被管理员认为是软文广告。

墨迹天气拥有更精细的 UI 设计，用户只需花费其他同类应用十分之一的流量就可以同步天气信息。在没有更多推广渠道的情况下，单是依靠产品本身，墨迹天气就得到了不少论坛大号的义务推荐，逐渐在论坛上小范围火起来。实际上，这也是后来墨迹一路发展轨迹的缩影——"闷头做产品，我们比较被动，经常是产品吸引别人主动来合作打。"金犁说。

一边工作一边做墨迹持续了 4 个月，当用户数破了 100 万时，金犁才正式离开公司开始全职创业，并在 2010 年成立了现在的公司——墨迹风云。开始的时候，他每个月给自己发 3000 块钱工资，每天睁眼就开始写代码,一直到深夜。

当时,跟他一起创业的还有两个大学同学,金犁负责研发客户端,其他两人分别负责服务器和美术设计。

打飞机体验也很好

很快,资本抛来了橄榄枝。

经过几轮的讨价还价,险峰华兴的 250 万元人民币帮助墨迹完成了第一轮融资,随后更有盛大资本的 500 万元 B 轮以及创新工场领投的 C 轮融资,2013 年 9 月又获得了阿里巴巴的千万美元投资。这对于金犁和他的墨迹天气来说,是个甜蜜的烦恼。

"因为你不得不回答:你的用户量是多少?社交功能如何?是否有清晰的商业模式?"其实这不单单是墨迹天气需要面对的问题,而是所有工具类软件都要解决的,只不过墨迹过了在千万还是亿级用户数上挣扎的阶段,更早一步开始面对商业的拷问。

其实,在墨迹天气的发展初期,就已经有老虎地图和阿迪达斯等商家找上门来。只不过当时的合作模式比较简单,例如老虎地图是通过墨迹天气植入推广,用户每成功下载一次,他们便向墨迹支付 6 块钱,每个月单这项合作就能带来八九千元的收益。而阿迪达斯的品牌广告则出现在了"穿衣指数"的功能里,小墨、小墨妹等卡通人物身着该品牌的服装,按展示付费。

但是,这些显然还不能满足工具类产品的商业延伸。陌陌软件的创始人唐岩曾在接受采访时坦言:工具类 App 用户之间难以形成网状关系,无法构成护城河,用户变现路径太长。而用户之间的网络打造,互动与社交一直是墨迹在尝试的,即便要面对的是诸如"我看个天气,为什么要社交"之类的质疑。

2010年5月,墨迹的第一个安卓版本,添加了一个叫作时景天气的功能。这被认为是墨迹在社交上迈出的很重要的一步,并一直被保留还延伸到后来的iOS版本。用户可以上传所在地区的实时天气照片,其他用户则可以直接在下面回复评论。

"目前来看,有20%的用户会使用这个功能,多是喜欢摄影和分享的用户",虽然这个比例还不够大,但"天气实景是对天气信息的一个补充"。金犁有信心,当用户基数足够大的时候,这个功能也会被放大使用。

第一次做公司,在变现这个问题上金犁也急过。引入软性广告并向用户直接推送,这个大胆的举动,导致100万用户在推送的第二周卸载了墨迹天气。"挺吓人的,以前不知道,这件事的确太伤害用户体验。"

这以后,金犁立下了规矩,软性植入要把握一个尺度,不能让用户反感,不去碰大规模的闪屏推送,也尽量不做大的banner广告。于是,原来的硬广变成了穿衣助手里卡通人物拿着的可口可乐,或者洗车指数中植入的奥迪软性植入广告。另一个规矩则是,只接一线品牌的广告。

现在,墨迹天气的收入主要来源于品牌商广告,另一块则是将淘宝的商品植入进来,对方按照PV付费,用户习惯正逐渐向移动端迁移,金犁称,这块收入也一直在涨,但没有透露具体数字。

"未来商业化和用户体验之间未必一定有冲突,比如微信游戏,打飞机的游戏并没有伤害到用户,用户还觉得很好玩。"金犁说,墨迹也将开发自己的游戏项目,"类似微信打飞机的休闲类小游戏,也许打太阳或者打什么,还没想好。"不过这个计划无疑已经进入了其 2014 年下半年的排期。

最 对 的 决 定 是 没 卖

在墨迹的发展轨迹里,总是多了几分偶然性。

比如,金犁的偶像是乔布斯,但墨迹天气却诞生于塞班系统,发展于安卓,而原因是当时团队里只有擅长这两系统的同学,iOS 却得现学;比如,墨迹从 2013 年开始进军海外市场,原因大半是由于 iPhone 端的负责人要随同丈夫移居美国,顺带在美国成立了 office;又比如,墨迹天气从 2013 年开始研发硬件设备,2014 年智能硬件大热,其作为一款 App 也能分得一杯羹。

"一路走来,瓶颈挺多的,遇到困难只能扛着、死磕,只要公司没挂我就会坚持。挺幸运的,都挺过来了。"金犁口中的运气,更准确来说是低着头做事,在恰当的时候做一个顺势而为的决定。最后,再来点儿天注定。

金犁一直很得意的一个决定,就是没有卖掉墨迹。早在他刚刚从塞班辞职出来创业的时候,就有互联网企业找到金犁,希望能收购墨迹天气,并开出 1000 万元的价格。"不能说不诱人,"金犁很坦诚,"但是我才刚出来创业啊,不甘心就这么卖掉,然后又回到大公司里面工作"。这个看上去有点孩子气的决定,保住了墨迹的独立发展,在今天看来,估值已经远远超出了当年的 1000 万元。

团队从 1 个人到 3 个人,再到现在的 80 人,金犁自己也从单纯的工程师、合伙人最后成为管理整个公司的 CEO。"在产品上,他曾经是个偏执狂。"墨迹运营经理钱崇军说道,"那时候哪怕视觉上一个像素他也会去盯,每个细节都要 review。"而在经历了角色的不断转变和联合创始人的先后退席,金犁的心态也发生了很大变化。"特别是在第二个合伙人离开以后,金犁变得不一样,更温和也更宽容了。"金犁的好朋友天天动听创始人黄晓杰曾在接受采访时如是说。

金犁坦言:"每个人想法不一样,有些人创业是真的想做一番事业,有的人是为了短期的财务回报。每个人追求自己想要的东西。我属于当事业去做的人。"在移动互联网领域创业,压力很大,也许一个细微的错误决定就会导致全盘皆输,金犁平时喜欢喝茶,喜欢中国风的东西,墨迹的名称也是这么来的。

按照金犁的想法,在移动互联网和智能硬件的"台风口"上,墨迹不能缺席。当用户基数足够大的时候,变现则是下一个目标。

在并不长的接触过程中,"软硬结合"这个词,金犁提了不下五遍。在他的概念里,产品的营销永远从设计开始,他说产品的生命周期不长是因为没有不断解决用户的痛点和兴趣点。"一定不要停止创新,这样用户才不会抛弃你。"

为了给预期在 2014 年 5 月份面市的空气检测智能硬件做最后的准备工作,金犁连夜奋战。2014 年上半年,团队几乎全部的精力都在即将发布的硬件设备上,CEO 办公室门外也贴着"埋头苦干、赶进度中"的告示。这款产品前期售价会低于成本,受到市场认可后便可以量产,当量越来越多的时候,成本就会下降。谈到心中的预期,金犁说:"有人说会卖 1 万台,有人说 10 万,也有人说这是有 1 亿台市场空间的产品。没有想太多,先把产品做好。"

当摄影师提出要他配合拍摄做出"喜、怒"以及"阴郁"的表情时，这个有些腼腆的工科男先挑了"阴郁"，做了几次不成功的尝试。在他身边的运营经理钱崇军提议："你就想想产品被下架了，空气净化器卖不出去，网站又被封了。"金犁的表情立刻变了。摄影师说："嗯，非常到位。"

（文｜范越）

创新可以，别掉坑里

Julian Birkinshwa 等 文　小龟 译

对于大多数管理层来说，创新在很长一段时间内都等同于新产品以及新技术的发展，因此，只是小部分员工，如设计师、工程师或者科研人员的职责。但是，近年来对创新的理解逐渐更为全面，越来越多的管理者达成了共识：新的思维可以用来改变价值链的任何一个环节，因此，创新可以是新服务的提供，也可以是新的商业模式、定价计划、市场路径以及管理模式。这样的转变让人兴奋，然而，虽然绝大多数企业重视创新，却常常不幸走入误区，反而阻碍了创新的发展。

误区 1：创新就是灵光一现 (The Eureka Moment)

对于很多人来说，创新依然是脑袋里的灵光一现，就像阿基米德从澡盆里冲出来的那一瞬，牛顿被苹果砸的那一下。在这样的观点下，公司就得招聘一群有洞察力和逆向思维的员工，并且提供他们宽松的环境，以及充足的时间来创造新的想法。

但现实并非如此。创新95%来自汗水，只有5%来自灵光乍现。如果将创新看作一条从产生新想法到成功将其商业化的完整链条，那么将想法落实才是最费时间的，也是问题出现最频繁的一个环节。

我们最近调研了 123 家公司，问它们各自的管理者在整条创新价值链上，每个环节的效率如何。得到的回答，基本上都认为自己的企业在创造新的想法这个环节表现得不错,而之后的环节一个比一个表现得差。当然,我们并不是想说创造新的想法不重要,而是想强调这并不是牵绊大多数企业创新的重要因素。

其实,将创新等同于灵光一现的想法在一定程度上解释了为什么很多企业喜欢进行各种头脑风暴。当然,头脑风暴有它的优点:它集中了群体的智慧,而且能产生有趣的,以及有价值的想法。

不过,我们的研究显示,绝大多数公司几乎不考虑头脑风暴结束后的事项,这就导致他们低估了头脑风暴之后的工作量。IBM 2006 年曾在内网上开展了在线创新大讨论,最后需要 60 位研究员整理分类在短短 72 个小时内产生的 3 万个帖子。另一方面,当企业缺乏将产生的想法落实的能力时,头脑风暴本身就会变得无足轻重。我们在调研中听到不少贡献了新想法却得不到任何回应的员工抱怨,长此以往,问题就会更加严重。

绝大多数创新失败并非因为缺乏聪明的想法,而是缺少了考虑周详的后续跟进。

误区 2:网络渠道是创新万灵药(Build It and They will Come)

Web 2.0 的出现极大地改变了大家分享、收集以及诠释信息的方式。随着诸如 Facebook、LinkenIn 这样的网络社区的爆炸式发展,它将如何影响到创新的过程呢?

毫无意外的是所有我们调研的公司都认为,Web 2.0 能更有效率地让大家参与到创新的过程中去。而且,大多数调研的企业都借助过互联网让员工发表他们的想法、建议以及评论其他人的提案。例如，IBM 就曾举办过网上创新大讨论，其目的是让员工、客户和合伙人发表对新商业机遇的看法。这次的网上讨论吸引了 5.7 万名参观者以及 3 万个帖子。而苏格兰皇家银行(RBS)在《第二人生》创建了一个虚拟的创新中心，通过建立一个未来银行业务的雏形，获得来自全球员工快速的、直接的反馈。

然而，基于网络的创新讨论最大的问题是虽然这种方式很容易吸引大家，但要知道，这种方式的新奇感很快就会消失，如何吸引他们持续地进入才是关键。另一个风险是，大家在帖子里发表的观点和话题很容易走题。在我们调研的企业中，所有管理者都承认，将有效信息挑选出来是一件高难度的整合工作。

网上论坛并不是创新的万灵药。网络形式更适合过滤大量现有的想法，而面对面的方式更适用于创造新的想法。

误区 3：开放式创新是未来 (Open Innovation Is the Future)

在大企业中，任何有关创新的讨论多少都会提到开放式创新，即跨越企业间的界限，有效地利用其他人的创新成果。例如，丹麦玩具商乐高就将顾客的想法作为创新的一种来源，甚至它们的一些玩具贴上了"乐高粉丝创作"的标签。

我们的研究证实，绝大多数大型企业都相信一种更为开放的创新方式是必要的，同时，他们也强调这种开放式创新并非免费午餐。诚然，开放式创新的优势十分明显，它能够让企业接触到更多的想法，但是它的花费也是巨大的。

首先，企业必须要处理知识产权问题，如果没有一个强大的知识产权保护环境，外部组织或个人就会非常谨慎地对待创新成果的分享。另一个值得关注的点是，企业究竟如何使用外部提供的创新想法。一家欧洲通信公司在硅谷设有一个"侦查机构"，负责留意新兴技术和有价值的初创企业，然而，他们的"侦查机构"发现，这家欧洲通信公司仅仅关注能够帮助他们加快现阶段发展的技术革新，而那些更具革命性的想法却往往被他们忽略。

除此之外，企业在决定采用开放式创新时还需要考虑到时间成本。例如宝洁、乐高、英特尔这样的企业对建立外部关系网络进行了大量的投资，才逐渐取得收获，千万别只见贼吃肉，不见贼挨刀。

开放创新可以让企业面对更多的专业人士，但外部创新渠道适合解决具体的技术问题，相反，内部创新虽然在广度上有些落后，但他们更加理解环境背景。

误区 4：付钱买创新很重要 (Pay Is Paramount)

当企业想提高创新能力时，会制定一个奖励机制，而现金总会被认为是个很重要的激励因素。不过，无论是学术理论还是调研都发现现金奖励并非想象中那么重要。

事实上，激励人们的因素有很多，其中外在的奖励例如现金往往是次要因素。更为重要的激励因素通常是"社会性"的，例如被承认赏识，以及"个体性"的因素，诸如内在价值。

以 UBS 的经历为例，其创新运动几乎是由草根推动的，"UBS 创新交流"的负责人说:"我们发现,那些有机会推进他们创新想法的员工获得了巨大的个人满足感。我们非常清晰地意识到,金钱奖励并不能带来更多的刺激。大家觉得认可他们的想法本身就是一种奖励。因此,我们给员工提供机会向高层陈述他们的想法。"

自发地提出新的解决方案这样的创新过程本身就是一种奖励。

误区 5: 最好的创新要自下而上 (Bottom-Up Innovation Is Best)

自下而上的创新方式一直受到各方的推崇,原因很简单:公司高层并不活跃在业务一线,所以需要把创新的责任下放。然而,当我们在调研时希望找到由于采取了这种创新方式而获得了巨大改变的案例时,却发现最终只能空手而回。

千万别误会,当然存在着一些成功的自下而上推动的创新成果,例如爱立信的手机业务、索尼的 PS 游戏机以及惠普的打印机业务。不过,这些创新项目基本都是由管理层筛选出来,并且作为优先项目来发展的。可以说,创新需要管理层与业务线共同的努力,只是目前这两者之间的联系并没有建立完善。

在 2008 年一个研讨会上,IBM 的行政主管分享了自下而上与自上而下两种创新通道的经验:"IBM 同时拥有管理层与业务线两条创新通道。针对管理层,IBM 有一个由决策人组成的创新组委会,而在业务线上,每个部门都有他自己的渠道进行早期创新种子的培育。随着某个创新项目花费的增长,再交由创新组委会,一旦被审核通过,就为这个创新项目提供支持。"

在推崇自下而上创新形式的百思买,高层管理者对创新的贡献同样也是无法忽视的,他们往往能将资源集中在最需要的项目中,并且避免错误判断项目的重点以及规避创新过程中的一些风险。

自下而上的创新形式可以让大量员工参与,而自上而下的创新方式则可以根据公司的发展目标直接调整创新的方向。

第四章

活下来的人才可能拥有一切

李一峰
小熊电器，与危机同行

李一峰和创业搭上联系，应该算赶了个晚集。

在 2005 年之前的 10 多年，是广东家电企业各领风骚的时代，有美的那样从小小的风扇做起，在冰箱、空调行业成为领军品牌的企业，也有九阳这样 2002 年左右一举发力，在饮食家电行业成就一方霸主的新秀。而那时候的李一峰，还只是默默地在万宝、天际电器低调地做着研发工作，而且一干就是 10 多年。

其实，在李一峰创办小熊电器的前夜，他已经从一名普通员工熬成了天际电器的副总经理，事业成熟、收入可观，但他却在这时离职创办了小熊电器，而就 2005 年、2006 年的背景来说，广东的小家电代工厂们在金融危机前创下了最后的辉煌，市场似乎已经饱和。

但幸运的是，电商最好的时代，小熊电器赶上了。

小本创业

在很多人的脑海里,已经将酸奶机和小熊电器画上了等号,这或许是种赞扬,就像豆浆机和九阳的关系。

说起酸奶机这种商品,其实和大家所想的不同,小熊并不是"第一个吃螃蟹的人"。当时,市场上至少已经有一家酸奶机品牌了,甚至在当时的网络渠道都已经有它的身影。所以,回顾过去,选择酸奶机这个项目创业,并不是李一峰"未卜先知"地看到了酸奶机有如今这般广阔的市场。

李一峰做酸奶机的原因很简单:成本足够低。

虽然他离职时戴的是"副总"的帽子,但其实他在那个位置上也才做了4年多,自己拿出全部积蓄10万元,又找了3个合伙人才总共凑了20万元创始资金,可这点钱实在入不了家电业同行们的法眼,没有可用于挥霍的家底儿。

因此,李一峰算了一笔账:"制造一个水壶成本要50多块,而酸奶机只要20多元就够了,水壶做2000台就需要十几万元,而酸奶机只要几万元。"比起他亲手研制过的水壶,显然酸奶机是他仅有资金下的最好选择。至少几万块钱的货品准备资金,不会让品牌一开始就出现严重的现金流风险。

而且,做酸奶机对他的创业还有个独家的好处——避嫌。早在天际电器工作时,他就一手主导了天际电器诸如水壶、榨汁机、炖盅等商品的研发。此外,他也曾在市场上接触过酸奶机,但当时整个天际电器的市场部、研发部都觉得这个商品市场很小,所有人包括他自己都没有重视过。

而当时,其他品牌也持有同样的观点。大企业必须考虑产能比例,小企业没有实力去走多品类发展。而且不得不考虑的是,家电市场反应周期有一定的时间需求,特别是在当时销售渠道以线下为主流的情况下。考虑到当时的酸奶机并没有为消费者所熟知和接受,很多品牌对于酸奶机的市场认可度并无把握,宣传和铺货风险就相对更高。

对于李一峰来说,涉足酸奶机就只是个试一试的项目,而且重要的是,对他这个创业新人也有个很好的模板可以参考。

"当时,酸奶机市场上已经存在一个品牌,但他们过于看重营销,只追求如何卖出利润,采取的方式是招加盟商,几十万元的加盟费门槛让代理商压力很大,因此酸奶机被概念化,产品的真正价值有待提升,其产品的高单价也让消费者比较不容易接受。"这一切,在李一峰眼里都成为小熊电器可以突破的弱点。

小熊电器出厂的第一批酸奶机约 1000 台,全部由他和几个股东在广州租下的烂尾写字楼里组装而成。这一批货品的销售主要通过阿里巴巴,以及上游发酵剂厂商介绍的经销商来卖货,每次代理商要 1 件(12 只)、2 件货(24 只),他们就组装那么多送过去。这样,第一批产品卖出去了,而这之后,考虑到从设计到出厂的供应链完整性,李一峰将小熊搬到了有"中国白家电之乡"美称的顺德。

网络乱厂?

对于李一峰而言,顺德算是个福地。

刚到顺德,他就在阿里巴巴上接到了同在顺德的格兰仕 10 万台酸奶机的礼品订单。格兰仕找到了这家位于顺德的小公司,想以小熊电器的酸奶机作为他们新出的微波炉的赠品推出。格兰仕出的价格不高,因此对于小熊电器来说从这笔订单中拿不到多少利润,但由于此次产品订单量比较大,而且格兰仕也是影响力比较大的品牌,对于小熊电器来说,这就成为一个拓展知名度的好机会。

李一峰成功了,小熊电器借酸奶机一举成名。

此后,小熊顺利接到了包括他老东家天际电器、位于珠海的上市公司 ACA 北美电器、顺德的东菱电器等知名品牌的贴牌订单,李一峰一掂量订单量充足,于是投入了约 30 万元在富安工业园内组建了小熊电器第一条占地约 800 多平方米的流水线,主要用于做酸奶机、炖盅等小家电的代工,也生产自己的品牌,此时他没有考虑自有品牌和代工品牌之间的竞争,定位称为代工厂也并不为过,重心只是停留在代工业务的扩张上。

可以说,小熊电器一直没有放弃过介入生产环节,这和其他的小家电品牌颇有不同,比如小狗电器就没有自己的工厂,除了研发设计外全部交由代工生产,小狗电器自己则经营着终端。因此,小熊电器相比起来其实不能算纯粹的电子商务公司,尽管它是个毫无疑问的网络品牌。而很多人不知道的是,网络品牌小熊电器曾和网络市场爆发了一场多大的战争。

2006 年,小熊电器总销售额约 600 万元,其中超过 70% 都是贴牌收入,这个比重一直持续到了 2008 年。可以说,这个时候公司的 OEM 收入是支柱,由此也可以一窥李一峰当初对网络抵触的原因。2007 年初,当李一峰发现网络上有很多人在卖小熊电器的产品的时候,他几乎不敢相信,因为工厂里来进货的依然是那些熟悉的几家线下代理商。

李一峰愤怒了！这不是因为他觉得被代理商们"绑架"了，也不是因为小熊的品牌要自己去涉足天猫零售环节，而是因为终端的网络价格太低了。的确，对于当时的小熊电器这家公司来说，网络上的低价很快就能被那些跟小熊电器合作的贴牌品牌方知道，因而会施压厂方降低代工产品的出厂价，这对代工厂来说可谓致命。

小熊品牌的线下渠道的体量不大，总共才 10 多个代理商，但李一峰一次就断了近一半代理商的供货。这是他对网络渠道的第一个回应，但他失算了。经过这番动作后，网络商品不但没有丝毫杜绝的痕迹，有的网络订单甚至混在礼品订单中"走私"出厂。事实是，只要代理商从仓库拉走货之后，他李一峰就再也管不住了。这步措施反而让他几头受气，代理商和合作方的骂声不绝于耳。整个 2007 年，李一峰的脑海里都是在想如何面对、如何平衡。

堵不住，只能疏。而这一次，李一峰谨慎了许多。

"做终端是很高的位置，平衡价格是其中最核心的问题。"从 2008 年开始，李一峰主动跟代理商沟通，采取默认的方式许可大家在网络上卖货，但条件是大家必须遵守小熊品牌的价格规范，这样也能避免直接授权带给其他利益群体的刺激。走一步，望一步，看到默认网络销售稳定后，品牌开始采取网络授权的方式从淘宝店铺等级、店铺形象等方面筛选网店，"我们是第一批采取网络授权方式整合渠道的"，这种模式使得小熊电器的分销商数量一度达到过 200 家。

这些年下来，有些店铺没有坚持下来，有的店铺则抓住机会加入天猫，在精炼分销商的策略下，小熊电器在天猫的分销商维持在了 80 家左右。而对于公司来说，小熊电器这个自有品牌的蛋糕占比从此迅速增大，到了 2011 年，代工已经成为整个公司占比很小的鸡肋收入，如今

甚至完全消失。

可以说,小熊电器早早解决了分销渠道的后顾之忧,2010 年之后的工作只是对前面的操作缝缝补补。而且对于工厂型企业来说,抓住了定价后,线上还是线下分渠道意义并不大。更重要的是,李一峰本人有经验,他经历了天际电器的所有产品研发甚至注册成立的过程,最后离开天际电器时,其已经成为 300 多人的公司。这段经历让李一峰在2010 年前对小熊电器的努力,更多的只能算是复盘、重演。

对于李一峰来说,2010 后才是挑战。

这时候,公司顺着"快乐生活"的品牌理念已经相继推出了炖盅、煮蛋器等数个新商品,公司的规模也从 4 个人成长到了 600 多人。以前,他只需将自己多年的研发经验释放出来,关注产品研发、外观设计以及生产环节中的各种细节就够了,而现在公司规模越来越大,人的精力有限,他必须要在保持产品研发的同时放眼整个市场。

就生产而言,小小的酸奶机就涉及近 200 家配件供应商,因此拓宽新品类必须有很深的采购经验和整合能力。而对于利润比较透明的家电行业来说,做出品牌号召力,才有机会在新品类中赢得一定的市场空间。

二次"创业"

代工已无退路,品牌仍需努力。

这就是小熊电器的境遇。2010 年开始,传统品牌开始热衷上线,小熊电器看得到这样的潮流。以顺德为例,即使除了为人们所熟知的科龙、美的、格兰仕等品牌,要在做电器的代工厂找销售额数亿元的也

几乎是手到擒来。做代工的企业纷纷上线，拿贝尔莱德来说，2012年仅做挂烫机在天猫的年销售额就达到了 2.6 亿元，占到整个国内市场的约 5 亿元销售额的一半左右。

在这种情况下，且不说资金雄厚的美的、九阳等传统企业，千万家有着代工背景的工厂都在酝酿上线，这对于处在价格透明的标准类目的企业是非常危险的竞争号角。榨汁机、水壶这样的厨房小家电，成本和单价都不高，特别是酸奶机这样市场不算主流的类目，毛利就更加稀薄，在这种背景下，对于小熊电器来说，打出品牌影响力对利润空间来说就是一场关乎生死存亡的战役。

压力在近年来的经营中已经表现出来，小熊电器以酸奶机成名，因为大家不太重视这个市场，竞争品牌也不多。而现在，仅酸奶机就有美的、东菱、九阳、苏泊尔、ACA、朗路等几十个强有力的传统品牌参与，而且这还是在美的们并没有完全重视这一市场的情况下的表现。

刚刚诞生的时候，小熊一个酸奶机可以卖 50 元甚至 70 元，毛利率超过 50% 很轻松。而时至今日，小熊电器的商品毛利率已经很低，而且还需要搭上其他的功能，成本被推高，在流量越来越贵的情况下，小熊电器的路已经越来越难走。

虽然同样的担忧也出现在小家电天猫原创品牌小狗电器的身上，但小狗电器的商品单价较高，还有可以喘息的空间，而商品单价普遍低于百元的小熊电器则没有这么好的运气。

在传统企业进军电商的热潮下，如果美的、九阳也开始重视起小厨卫家电市场，巨额资金碾压之下，小熊电器能否熬得过去，李一峰很难乐观。这是因为他对小熊电器的定位并不满意。

谈起小熊电器，或许有人会想起"温情"这两个字，其中很大的原因

是因为"爱不停炖"微电影的成功。其实在这之前,小熊电器也推出了一些搞笑的微电影广告。微电影的确传播效果明显,但还是让人有不满意的地方,比如上半年搞笑下半年温情,这就是品牌调性没有一致的表现。

当问及小熊电器下一步的走向时,李一峰也很无奈,"未来说不清啊,慢慢看吧",话毕他看往窗外,正在急落的冰雹让人徒然而生一种紧张感……

（文 | 赵军）

活过明天,才能拥有一切: 中国电商企业家的创业之路

[延伸阅读]

内涵比产品本身更能打动人

杨欢 文

相信大部分在淘宝上买厨房电器的人,应该都是看中了产品的功能和卖点。因此,很多卖家在宝贝描述上,也更注重展示产品的做工和细节,但是像煮蛋器这样一个有创意的小家电,并不像微波炉或者电饭煲那样为人们所熟知。所以,卖家们就不得不更多地进行宣传:我们能带给消费者什么样的体验,能带给他们什么样的乐趣和新奇的玩法……而这样附加的内涵其实更能打动人。

不妨来看看当别人还不知道煮蛋器是什么或者简单地以为煮蛋器只能用于煮蛋的时候,小熊电器是如何推荐自身的商品的。

图 4-1 ZDQ-209 煮蛋器宝贝详情

小熊电器的 ZDQ-209 型煮蛋器的宝贝详情(见图 4-1)做得比较简洁,对于产品的材质细节的表现可能不是很多,而是将更多的笔墨用在了突出产品的卖点和功能上，比较符合品牌一贯的风格，平易近人又比较有趣。虽然通篇没有出现过"快乐"这个词，但是不自觉地让看到这份宝贝描述的人都有了轻松愉悦的心情，这样再让消费者掏钱购买就简单多了。

对于消费者来说，单一的煮蛋功能可能无法打动他们。谁会愿意花100多元钱来买一个只能煮蛋的机器呢？所以，小熊电器的这款宝贝在功能上有了创新，除了煮蛋还能蒸蛋、蒸面点、煎烙等。那么，如何将这些功能一一展现给消费者就是宝贝详情页需要解决的问题啦。

因此，这一产品通篇的宝贝描述文字是比较少的，大多是提炼出来精华，然后配一张诱人的图片，更多的是给消费者一个想象的空间，每一个功能，其实背后都对应的是一类人群，每一个功能都有其特定的内涵在里面，这样宝贝描述才能做到图多而不乱，整体是贯穿起来的，就像糖葫芦一样，看似每一个都独立的，但是有一根主线把每个功能串联起来。同时也可以看到，小熊定位的客户群体是比较明确的，这样做宝贝描述才能更有针对性，转化率也会更高。

既然是煮蛋器，那煮蛋的功能肯定是要放在第一位的，同时也给了顾客一个想象的空间：清晨为家人煮好鲜嫩的鸡蛋。看到的顾客很容易进入这个情景之中，联想到清晨做好早餐家人满足的微笑，同时在旁边放一个剥开煮好的鸡蛋就更是亮点了，蛋黄香嫩诱人，不知道你看到是不是同样口水也流下来了呢？

一款好的产品就是要功能齐全，要一家人都能使用。蒸鸡蛋羹适合小朋友，蒸面点则是能给全家带来福利的一件事，比如包子、馒头、饺子等，熟透了的麦香更能让人食欲大开，最爱蒸的面点香软自然的味道了（见图4-2）。

图 4 - 2　ZDQ - 209 煮蛋器功能展示

当然,ZDQ-2091 的功能如果仅仅是上面的那些,和别的煮蛋器相比也相差不大,最后重点篇幅写了只有小熊煮蛋器系列才有的一个功能——可以煎烙。

想一想,下午的时光给自己煎个美味的鸡蛋,或者一个牛排配一杯波尔多红酒,那是多么惬意的享受啊,自由调节火候能让消费者完美地发挥厨艺,图片上 5 分熟的鸡蛋让人忍不住口水连连,想要买一个回家试一试呢。另外煎烙的功能拓展也更清晰地定位了小熊的客户群体,受年轻人追捧的煎牛排,怎么能不打动喜欢新奇又向往品质生活的他们呢?

当然，消费者都有这样的担心，一件商品功能多了，会不会不经用呢？所以，小熊电器在介绍完产品的多功能后，就抓住消费者最关心的产品本身和做工等细节来介绍。通过多个细节图片的拼接，以最少的篇幅但是展示更多的信息，让消费者更直观地了解产品的细节和材质。

看了这样的细节图，是不是对产品的材质都有了比较清晰的认识呢？连电源线都有详细的展示，可见卖家确实是花了心思的，一些完美的细节，其实比大篇幅重复地展示商品本身更能让人信服。此外还有详细的配件展示，也是从产品本身出发的。

最后就是小熊独有的一些东西了，三只小熊快乐的一家。品牌的内涵和文化是经过长时间积淀下来被消费者所认知的，那么小熊要传递的就是一种"家"、"温馨"、"快乐"和"健康"的概念，同时把小熊拟人化，于是小熊有了和睦友爱的一家人，看了之后心里也会觉得暖暖的，让人感动。

简洁、齐整是家电类产品在设置宝贝详情页的一贯风格。如何在有限的页面和文案设置中将商品的内涵表现出来就是卖家需要考虑的问题了。能将一款并非是刚性需求的小家电推荐给消费者，关键是能让消费者了解商品的实用性和易操作性，小熊电器将煮蛋器的各种功能融入人们日常生活中，通过图片让消费者想象出产品能给其带来怎样的满足和体验。该款宝贝详情页整体页面文字不多但思路清晰，细分客户群做得很到位，卖点也很有针对性。在坚持品牌风格的同时，又与自身品牌内的产品形成一定的差异性，感性诉求多于对产品本身的描述，产品的内涵呼之欲出。而产品细节的展示作为针对部分理性消费者的介绍，又显得恰到好处。

陆　创
车品弘智，怕被干掉

江湖上曾流传过一份淘宝网身家过亿的卖家的名单，一眼望去，多是那些耳熟能详的名字，唯独上海佳饰CEO陆创，即便在脑海搜索半天，也似乎毫无印象。但是，只要说起其品牌"车品弘智"，多少会换来"哦，原来是这家"的反应，甚至会引得热辣辣满是羡慕嫉妒恨的目光"唰唰唰"地投射过来。

这也难怪，它有一张近乎完美的履历：2006年进入淘宝车品类目，自2007年起就成为该类目的TOP1卖家，尽管近10年来我们一直处于追逐新偶像与目送老一代创富神话消逝的循环之中，但车品弘智却一直保持着品类第一的位置不动摇。

只是，它凭什么？

与 风 险 较 劲

曾有人调侃 70 后是一群典型的"AB 血型双子星座"的人,他们拥有双重性格,争强好胜却又低调内敛,热衷冒险开拓,可又极具传统意识,思维活跃,但又习惯循序渐进。

陆创就是这样的 70 后,这在 80 后、90 后扎堆的电商创业人中,似乎显得有些另类。性子急的人可能不太喜欢和他谈话,因为,你的节奏免不了会被他拖慢。

2006 年,身为某医疗设备销售公司老板的陆创买下了自己的第一部小轿车。欣喜之际,他决定为爱车购买一批配件。当时,网络购物方兴未艾,从车垫到车饰,再到车载 MP3,陆创因为购物颇多而成了当时国内最大的车品网购平台"易车"的银牌会员。他更是从做车品生意的亲戚处得知,车品的利润十分丰厚,线上 B2C 商城的毛利超过 40%。

"这生意有得做!"

卖医疗器械,三月不开张,开张吃三月,比较清闲,于是陆创开始利用闲暇时间卖起了车品。最初的经营模式很简单,拿货、出货,单纯做代理。那时的网络买卖比较落后,随便拍个照,写点文案,每天也能有两三笔生意上门。

彼时,线上已有三家三皇冠车品店铺,它们都拥有相似的特征:店铺 SKU 多,背靠汽配城,拿货方便,产生订单后直接从车城拿货发货。这种保险的"虚拟库存"方式是当时绝大多数车品卖家选择的主流经营模式。

陆创却走了一条更"凶残"的道路——压货存货。当绝大多数人都以零库存为完美的结局时,他却重金备下存货,假设有 100 万元的销售额,他就会备有 50 万元的库存。这样的选择势必面临的是资金压力和高风险。一旦判断失误,就会陷入危机中。不过,在陆创看来,虚拟库存虽然保险,但不利于客户体验,因为经常会缺货。他愿意冒险牺牲安稳换来更为高效的发货和更好的客户体验。

船小好调头

完全扭转局面是淘宝商城的出现。2007 年,淘宝网引入了"品牌商城"的概念。当时,车品弘智的竞争对手,月销售额已经达到几十万元,每天接单忙得不亦乐乎。对于突如其来的商城,他们无暇顾及,加上入驻商城除了需要持有营业执照和一定的销售额门槛外,还有 6% 的扣点,使得这些不愁吃喝的领跑者们只是抱着观望的态度。

这一次,陆创又选择了冒险开拓。头半年,陆创的业绩并不好,加上 6% 的扣点,基本没赚钱。但作为最先吃螃蟹的人,他还是尝到了甜头。当时,入驻品牌商城的商家有独特的 LOGO 显示,还有相应的资源位展示;同年,因为入驻了品牌商城,车品弘智得以参与淘宝周年庆活动,结果原本一天只有几单销量的生意,变成了一天几百单。这种变化让陆创决定努力将集市店铺的客户引往商城店。

转向商城之后,陆创也有意摆脱草莽玩法。和其他类目不同,车品的特殊性在于 SKU 多,产品规格各异。早期大部分店家都采取人工录制订单,导致人员冗杂且效率低下。

当时,在整个电商市场,还没有出现专业的 ERP 系统,竞争对手对海量的 SKU(库存量单位)也出现了管理不当等问题,这更给了陆创机会。由于拥有医疗器械公司的软件开发经验,陆创结合自身店铺情况开发了一套"订单管理"系统,直接从电脑上录入产品,节约了时间。而且,因为系统是自主开发的,各功能都与店铺的运营方式相匹配,例如快递月底结算非常麻烦,他就增加了扫描功能,一扫就知道货物有多重,发到什么地方,多少费用……如此一来,便解放了"财务和采购"环节。这在初期,并不能带来特别明显的优势,但当销售额快速增长时,就能大大提高运营效率。

被 逼 出 来 的 品 牌

为了进一步拉开与竞争对手的差距,陆创开始南下广州、深圳等地。调整商品结构,从货源上形成差异化。彼时,车品的大卖家多集中在上海,背靠车品市场,形成前店后源的"优势"。但上海的地域特征明显,车品城只有那么几个,大家货源雷同,价格拼杀十分严重。

南下之初,陆创多是找些代工厂拿"外贸尾单",因为性价比较高。但是,随着网络市场的升温,不少代工厂自己也加入了竞争行列,让他完全失去了优势。为了控制毛利,陆创开始找代工厂贴牌生产自有品牌,但被利益惹红了眼的厂家总会将承诺当成浮云,常常会发生某款产品已被陆创贴牌销售,结果厂家直接换了模子生产再卖,导致该款产品最终无利可图。好在车品 SKU 足够丰富,有些子类目该舍则舍,完全没有利润的市场,他就选择拱手让人。

时至 2010 年,各大品牌商纷纷上线。在品牌授权问题上,许多车品商家落败,陆创同样受到牵连。几家线下品牌商联合举报车品弘智侵权。那段时间,不少产品被迫下架,搜索权重全无,令店铺陷入了漩般的困境。没有自然流量，就靠老客户带动。陆创一方面加强了对老客户的维护，另一方面同时让利推广产品，帮店铺顶住了压力。

与此同时，他也开始尝试一些独立设计，有些品类增加了设计元素，就申请专利。

而在另一边，品牌商们由于自身线上与线下的矛盾开始暴露，又不熟悉线上规则，陷入了被动的局面。再加上，车品弘智等商家也确实带动了品牌商们很大一块销量，全线收回这些商家的销售权，也伤害了品牌自身的利益。经过几番沟通，品牌商们终于开始放宽授权，车品弘智凭借车品类目第一的销量，拿到了诸多品牌商的一级代理权，进一步提升了类目领导地位。

害 怕 被 超 越

当下，淘宝汽车用品关注人气与日俱增，据统计，2012 年的人气指数是 2010 年的 2.74 倍。2012 年，淘宝网汽车用品行业里，最热卖的依次是内饰类目、汽车零配件，其次是专车专用产品。车品这个类目相对于线上其他类目比较特殊，线上线下发展几乎同步，甚至线上市场已经超过了线下市场的发展。在这样诱人的市场潜力下，越来越多的新力量涌入了这个市场。

对车品而言，SKU 多是好处也是坏处。好处在于选择很多，灵活性强；坏处则是量越大管理越难，尤其是做自有品牌对设计的要求更严，对于车品弘智这种一站式购物的超市型店铺而言，更是死穴。

其他竞争对手找到的突围之道，恰恰利用的也是 SKU 足够丰富的特性，抛开一站式购物路线，专注于"专车专用"市场，走"小而美"路线。不难理解,这样的优势在于人员好打理,可以将团队划分到每个车型上,更加专业,更有利于客户体验。而且,专车专用市场意味着统一标准,这给错综复杂的车品"定了型",降低了仓储压力,并且货品结构能够得到控制,不需要海量 SKU,常备库存有限,打理也更加容易。

面对同行的竞争,陆创感到了前所未有的压力。超过 8000 个SKU 带来的压力可想而知,"别说推广销售了,我的客服只要不说错产品就算是合格的"。为了应对更加灵活的竞争,陆创打算进一步升级他的团队,即把团队分成若干小组,这些小组专职负责一个子类目,这就好比在店铺内形成多个"小而美"团队一样。

"卖家越大,感觉越危险。如果做得不好,三个月就可能被超过。"从上位、转机、超越这几个节点来看,陆创的每个重大商业抉择都在与自己较劲,用风险换来了突破的机会,这种生存哲学的源头或许就来自于他内心强烈的不安全感。

这一次,危机感能让他再次险中取胜吗?

(文│张浩洋)

【对话 BOSS】
做得不好，三个月就可能被超过

Q：车品弘智的自营品牌和代营品牌间的比例如何，有多少精力放在自有品牌上？

A：车品弘智有 5 个自营品牌，50～60 个代理品牌。作为卖场型的企业，它对待所有产品都是一视同仁的。不会刻意突出自己的产品。销售额上，自营和代理品牌的销售额占比大概是 35∶65。

Q：车品有海量的 SKU，在车品弘智不断扩充品类的过程中，有没有发生过失控？

A：小问题肯定有，主要是体现在全品类扩张中。比如，有些小品类决定做了，但当时并没卖好，不过也不打紧，因为 SKU 太多了，一两款的得失不足以影响全局。很多人都知道车品 SKU 数量庞大，那么该如何有效调节呢？我们的做法是一靠制度，二靠软件。当年，同行们仍然按照经验管理货品，凭经验决定进货数量和尺码，SKU 少时还好，大了就会一团乱。而我们很早就给货品贴上了条形码或二维码，放弃"人治"的方式。同时，软件录入管理可以对宝贝预警，所有产品带编码，这样就非常清晰了。

Q：在你的经营中有没有出现过假想敌？这几年下来不害怕被超越吗？

A：我们一直有非常强烈的危机感。一方面，卖家越大就感觉越危险。我们交易笔数多，交易额大，整体的客户纠纷就多。商品数量一大，如果授权有问题，比如授权书过期了，就比较麻烦。另一方面，电商行业本身竞争就很激烈。如果做得不好，三个月就可能被超过。我们会在具体的小类目上找一些假想敌。比如，在车垫领域把某一家当作参照跟他比，在车载电器领域把另一家当作对手。

Q：现在的员工组成中，还有多少创业期留下的老员工？

A：当前的 180 名员工中大概还有十几个老员工，客服和仓库岗位的流动性比较大。正常来说，对老员工主要的激励就是升职加薪。

Q：多年淘宝创业，期间不免见过很多起起伏伏，对于新偶像的不断诞生和老一代创富神话的消逝，你是怎么看待的？

A：我始终认为，对电商而言，它先是企业，而后才是电商企业。有些问题可能随着销售额上升才会爆发。以前，淘宝流量红利好时，很多当年的牛公司，"一招鲜"就够了，但现在根本不行，这是因为规则一直在变。当"一招"不奏效时，很多企业又没有备选方案，自然要出问题。我们也曾遇到过这种情况。好在车品整体结构庞大，即使在小类目上走不通了，但是大盘还在。我们就利用这个特殊性，把没做好的小类目先冷处理一段时间，看环境再出新方案解决。

车品生死档案

赵军　许静纯 文

2012 年,传统汽车用品在天猫的交易额超过 30 亿元,相比 2011 年的 15.6 亿元交易额增长了近 1 倍。而 2012 年的人气指数是 2010 年的 2.74 倍。该年淘宝全网汽车用品中,内饰类目最热卖,成交金额占整个行业的 38.19%;其次是汽车零配件,占 22.19%。

不仅如此,因为线下车辆的保有率在不断增加,所以尽管汽车用品类目呈爆发性增长,但市场尚未饱和。在这一片还有蓝海可寻的市场口,许多卖家纷纷杀入。不过,这些新手卖家并不知道的是,早在 2009—2010 年,汽车用品类卖家就有过一波增长的高潮,只是高潮退云,幸存者寥寥。失败者的原因多半在于,当时是抱着吃红利、大盘好白心态入驻,在产品和供应链上不具竞争优势,而市场定位又不清晰,在团队管理上也呈松散状。而在当年成功突围的那批卖家则往往是,明确了自己的定位,在一个能发挥优势的市场中站住了脚跟。并严防死守,慢慢扩张,避开跟强敌硬碰硬也是活过来的关键。

铩羽而归

单一产品的供应链优势并不能成为决胜的关键,在知名品牌商强势进驻的环境下,没有资金支持,又没有团队作战能力,必然走向衰亡。张浩和他的店铺便是如此。

在 2010 年下半年,天猫引进国外知名汽车用品品牌之前,一批土生土长的汽车用品杂牌军一直在享受着环境的红利。彼时,依靠一定的供应链能力和价格战,很容易就能打造一个"伪品牌"。

张浩与其伙伴采用"迂回战术",在短短不到一年时间,就把好饰车品的名号打响。他们采用的迂回战术是:C 店先行,会员制开道。会员制的灵感来源于同在上海滩的淘宝明星柠檬绿茶,其时,柠檬绿茶正在不断书写着创富神话。敏锐的张浩感觉柠檬绿茶推行的会员制"非常合理",便"借鉴"了过来。不同的是,张浩统一了 C 店与旗舰店的品牌名。"直到去年,还有我的老会员拿着会员卡来店铺消费。"尽管最初发放会员卡的老店铺后来关闭,但因为品牌还在,所以老会员们能找到张浩他们的店铺。

依托创新的会员制,辅之以价格战的利器,使得 C 店在短短三个月内就到达了三皇冠,且曾经一度垄断了汽车坐垫市场。"凭着供应链优势,我们把市场上售价 100 元以下的产品,全部售价控制在 68 元左右,这个价格是很多商家拿货的价格,对我却是有利润的。"

试水成功后,张浩发现:这种成功模式是可以复制的。于是,他与其伙伴两人迅速筹备起了商城店铺。同时,立下目标:在半年之内进入前百,一年内进入前二十,两年内超越类目老大。

明星产品爆炸式增长,导致自有供应链断档,而扩充品类却又忽视了知识产权问题。这让看上去很美的好饰车品陷入漩涡。

好饰车品凭借着首次双十一的漂亮成绩,类目排名从百名以外瞬间升至第一。"当然那只是短暂的辉煌,第一名的宝座坐了三天不到。"成就好饰车品的正是爆款,因为本身有生产汽车坐垫的工厂,所以供货不成问题。在双十一当天,好饰车品的汽车坐垫火了,并在之后很长一段时间里成为汽车用品风向标。

"打爆款容易,守爆款难。而且树大招风,我们什么有优势产品,他们就仿造什么,仿造出来的东西永远比我们便宜。"显而易见,在淘宝上还没走稳路的好饰车品被迫要"起飞",最终结果必然不堪设想。此时反观汽车用品类目的其他佼佼者,张浩也很快发现了差距:"我们的供应链强在单品类,而竞争对手属于全品类。"更令人惆怅的是,不久后,好饰车品的供应链处在了断档阶段。"我原来的供应链能力是月销售3000套,但因为已经站在那个风口浪尖上,要我们货的人已经超过了5000套,我们怎么追上生产?"内外受困的好饰车品,在风光之后格外虚弱。

意识到靠单一的爆款无法持续之后,张浩想到了产品差异化,并把汽车水晶香水作为另一优势产品。"我们投入了大量的人力、物力、财力去做,也做到了第一。"没有想到,好饰车品又栽跟头了。"突然之间出了一个知识产权维权,我们吃了这个亏。"

对于汽车水晶香水而言,光有经销商授权还远远不够,如果没有外观专利,一样不符合要求。而好饰车品所有汽车水晶香水的爆款产品,外观专利都在竞争对手手里。"一夜之间我的所有爆款全部下架,没得申诉。"

好饰车品,除了供应链能力、产品知识产权意识未到位之外,在团队管理和品牌授权上也远远未能"超越自己"。

2009—2011 年三年间,淘宝还是一个能依靠"有人、有钱"就能事半功倍的平台。"有人做强,靠团队可以成顶级卖家;有钱做推广,靠营销做成淘品牌。"有人如是说。而身处其中的好饰车品,彼时却是一支零散的团队。"商城刚做起来的时候,我们的人员全部不懂网络,不懂电脑,全部靠自己培养。"至于专业分工,则更加显得"业余"。"客服就是运营,运营就是推广,唯一能独立出去的就是仓库打包。"

张浩去参观过汽车用品类目老大的公司,"那时候,他们已经有推广团队、运营团队了,连客服团队也是分开的。"在团队管理上,好饰车品又落后了一截。

还未来得及整顿团队,此时的淘宝环境又发生了变化:越来越多知名品牌商强势进入商城。跟他们比,线上品牌无论在供应链、团队还是资金实力上都不具优势。"他们可以连续三天砸首焦,我们不可能抗衡。"

另一方面,品牌商进驻之后,对于好饰车品而言还意味着实力的削弱。好饰车品虽然有自有品牌产品在销售,但由各大品牌组成的正品"杂货"也占据了不少的 SKU。而大商家进驻以后,势必牵扯到授权问题。即便能够拿到正规授权,但因为地位不同,产品进价也会有极大差异。"好不容易我们拿到了某大品牌的上海总代,但是没有想到,别人拿到的却是全国总代理,他可以从总厂子直接拿货,我们不行。"

此时,好饰车品已经被同行远远抛于身后。2012 年,张浩带着遗憾离开团队,而曾经寄托着他创业梦想的好饰车品亦在不久后走向了末路。

"在车品里面,只有老大有肉吃,其他人只能吃风,汤都喝不到。"张浩说。

逆 境 突 围

对李伟和他的金星车品而言,如果不是转型切入细分市场并把商品结构和供应链上的短板补齐,很可能在 2011 年就败亡了。

当争夺大盘受挫时,不妨退一步,把有限的资金和精力切入细分市场,往往又是一番新天地。

李伟的阵痛从 2009 年就开始了,当时店铺的销售额已长久没有增长,经营遇到了瓶颈。归纳原因在于,很多机遇没有把握住。比如,店铺并不看好淘宝商城的未来,虽然也入驻了,但却没有重视,甚至很抵触,完全没有品牌化、规模化经营的意识,还停留在早期集市"赚一天是一天"的观念里。

此外,店铺应变能力不佳,被流量红利所麻痹。比如,店铺当年还以为搜索规则还像以往那样只有单一的上下架时间权重,以至于在自然流量上被很多竞争者抢夺了机会。

撇开上述不谈,金星最本质的问题还在经营意识上。2010 年,李伟借着参加淘宝大学 MBA 培训的机会,去当时的类目老大那里参观了一次。"竞争对手让我觉得败局已定,管理上的差距太大了",这让他认为在大盘市场上已没有金星车品翻盘的机会,店铺需要寻找自己的蓝海市场。

当机立断,细分市场永远是大盘被蚕食后的首先选择,而专业化、垂直化是商品环境的进化趋势。比如说,原先汽车方向盘套是没有标准的,而如今已有专车专用化,变成一种标准品。此外,这种趋势也出现在了坐垫、脚垫等各种汽车用品上。

对市场的审视给了李伟很大的启发,反观彼时的专车专用市场,还处于蛮荒阶段,竞争也小。在金星车品的眼里,这块市场几乎就是空白。于是,金星欣然进入。"财大气粗"的金星车品在该市场中率先打起了"现货供应"的招牌,颠覆了专车专用领域原本的游戏规则,店铺也因此迅速占领了该市场。其实这个起步的风险并不高,店铺选择的是当时最畅销的车型来专攻,专车专用市场的小店没有大规模销量和资金支持,当然没有机会。

而金星有稳定的销量和原始资本支持,因此进入专车专用市场之后,仅仅依靠雪佛兰科鲁兹和福特福克斯两个车型,就轻松回到了类目

TOP12。而且店铺走向了健康的模式，客单价也从 50 多元飙升到 180 元以上，日均销售额翻了三番。

找到优势市场并不代表一劳永逸，蓝海意味着会有更多的竞争者涌入。在拥有优势的前提下，补齐短板，往往是制胜的关键。

虽然切入了一个蓝海市场，可是，面对众多的竞争对手，李伟仍心怀不安。为此，他揪出了自己最大的短板：商品结构不合理，供应链缺失。

在汽车用品类目，由于商品比较杂，很多店铺都是从批发商进货，金星早先的经营模式也是如此。至 2010 年，店铺的 SKU 保守估计已超过 8000 个。但是，整个店铺员工才 10 多人。

在 2009 年时，店铺的日销售额虽能稳定在 3 万元左右，但整个店铺宝贝缺货率达到 15％，在人员有限、商品抽检无法跟进的背景下，店铺的评价急速恶化。

在转型专车专用市场后，店铺砍掉了 99％ 的 SKU，只留下 500 个最畅销的产品。缓退之下，尽量吸收"老顾客"粮草。并从那时候开始用 ERP 系统来管理货品，这种系统化的经营态度促使店铺稳步增长。

随后，店铺抛弃了中间商，直接一个个找厂家定做，降低成本。2 年里，店铺已经在每一条产品线上都积累了 2～3 家供应商（首席供应商＋备选供应商），以品牌化的思路将供应链稳定下来，并对此进行优化，提高自己的管理效率。

此外，店铺还建了一家门店，除了免费为店铺会员们提供安装服务外，更重要的作用是检测商品的质量。通过对货源的把关，提升在消费者心目中的专业度。此番动作下，顾客回头率从 7％ 跃升至 20％ 以上。

同时，店铺也在自身的架构上酝酿调整，以车型来划分团队，以提升店铺对每个车型的信息贯彻度，让消费者觉得更加专业。

如今,专车专用市场的竞争也越来越激烈,市场瓶颈再次暴露,一方面,随着专用车市场竞争的加剧,去除车品的线下消费、竞争流失的顾客,到店铺中的顾客已十分有限。另一方面,对车型来说,长尾市场的需求不高,势必会提升制造成本。

而面对这些,李伟并不害怕,他认为,竞争的加剧的确要额外注意,但店铺在保持细分市场的优势时,说不定也会逐渐扩展车型,从细分市场杀回大盘也不无可能。而验证成败的关键,将是从商品管控到生产管控的综合效率。

随着国内私家车数量的不断上升,消费者对汽车饰品的需求将越来越高。这意味着线上的车品类目机会很大。不过,车品类目与其他类目不同,它的消费者相对高端,更重视产品品质和品牌。如果还指望市场空间和类目红利,而没有核心优势,很有可能成为炮灰。目前,最具机会的几种方式莫过于:代理销售传统品牌商的产品、切入有自身优势的专车专用市场、打造一个性价比高的原创品牌。这三种方式各有优劣,核心在于,能不能结合自身情况找准定位,并坚持下去。

郭洪驰

不死的创业老兵

2004年，最会在网上卖东西的人，不是马云，而是郭洪驰。

那一年，郭洪驰被评为"中国电子商务的风云人物"，他一手创立5年的中国IT数码购物网"搜易得"，在2003财年的销售额达5亿元，占据着IT数码品类B2C销售份额的50％。彼时，淘宝网还在奋力追赶eBay，京东商城还只是搜易得的一个小小加盟商。

但也是在那一年的深秋，搜易得决定彻底停止其每年高达5000万元的自营业务，转而经营商城平台业务，服务加盟商。至此，搜易得如忽遇疾风的风筝，开始坠落。

2005年，离开搜易得的郭洪驰开始到处辗转。此间，他加盟过ShopEx一把手团队，创建过韩国SK电讯投资3亿元的网上时尚百货商城千寻网，直到2009年12月，再度承载了郭洪驰B2C创业梦的西街网上线。这位创业老兵，已经在电商中沉浮 10 年。

2012 年 12 月 12 日傍晚，北京飘了一天的雪花渐渐沉寂，坐在对面的郭洪驰笑得坦然："我不会再想建一个王国，因为最终，是做得好的人留下来，而不是做得大的人会留下来。"

最好的时光

1995 年，郭洪驰从北京理工大学毕业，分配到国家电子工业部六所下属华胜集团西南分公司网络部，专门做互联网技术。那时候，中国还没有普及互联网，高能所是中国第一个国际互联网用户，教育网是第二个。他在成都待了一年，主要工作是帮西南区域的大学搭建教育局域网，那时候的郭洪驰，是一个标准的 IT 男。

只是，本就不喜欢钻研技术的他，年轻的野心又蠢蠢欲动，一次回京老同学的聚会，直接改变了他的职业走向。"一聊，发现世界变化很快，大家的谈吐差别很大。一位同学生意做得很不错，开了一辆丰田佳美，那车 40 多万吧。关键是，我发现他们讲的东西跟我讲的不一样。"闯世界的梦想大幕拉开，郭洪驰当下就决定不回去了，给单位打了个电话把行李寄回北京，就直接辞职了。丢掉事业单位的铁饭碗，郭洪驰丝毫不觉得可惜，他虽然没什么具体计划，但觉得圈子很重要，要和熟悉的同学，和新鲜的东西在一起。

1997 年，郭洪驰被推荐到北京邦客诚电子科技公司。他到公司第一天，就发挥特长把公司专线连到了互联网，还给每个员工弄了邮箱，挨个儿告诉他们雅虎是怎么回事儿。说来有趣，邦客诚是最早把数码相机引进中国销售的公司，也是当时国内唯一有索尼、奥林巴斯授权的

DC、DV 的公司。脱离了技术苦海，郭洪驰跃入了销售大军，在 3C 产品的销售渠道管理做得如鱼得水，一直做到系统部的销售总监。2000年，老榕创办的 8848 已经很火，郭洪驰试着在上面卖相机，确认了自己的想法，互联网是可以做交易的。"当时我跟老板说，我们做互联网吧，我也懂这个技术。老板是一位转业军人，没太想清楚。那我想，老板不做我来做吧。"嗅到一个这么好的商机，郭洪驰断然不会放弃。

懂点技术，能把图片和文字简单做成网页，在当时已经是高难度门槛了。再加上之前 3 年卖数码产品积累的客户和渠道商，站在前两份工作的肩膀上，郭洪驰的创业史正式开启。2000 年 4 月，搜易得前身兰德电子有限公司成立，郭洪驰开始在网上卖 IT 数码产品。老郭至今还记得，当时在一间民房小黑屋办公，招的第一个编辑是女孩儿，很高很壮，已经练到了跆拳道黑带，会做页面。几个人慢慢做起，逐渐孵化出兰德在线，再到 2003 年，兰德在线更名为搜易得 IT 数码商城，建立了中国 IT 数码购物第一门户。2004 年即完成 5 亿元的销售额，销售规模不亚于当时的当当和卓越。以至于搜易得想做大家电，让国美都很紧张。

据当时搜易得的核心员工李树斌(现好乐买创始人)回忆，2004 年的搜易得经营模式很简单，他们以不到 630 万元的价格承包了新浪商城(约 200 万元/年)、搜狐商城(约 250 万元/年)、网易商城(约 120 万元/年)和 TOM 商城(约 60 万元/年)四大门户的数码产品销售平台，并以此大规模地向那些渴求销量的中关村数码零售商招商。

而让郭洪驰至今感怀的，是当时的广告成本之低、转化率之好、赚钱之容易。在新浪上面打广告的第一天，公司的五部电话，三个座机两个手机，从早上开始没停过，"你给我发传真，我给你发货"。17 万元的创业资金,现金流一直正向,盈利部分作为继续投入,坐稳 IT 数码领域的头把交椅,引得蓝驰、讯宝等纷纷搬离国美、海龙来进驻。被中国计算机报评为"中国最具竞争力的网络电子商城"。如果搜易得按照这种速度发展下去,也许后来的京东商城就不会出现。

可惜,历史没有如果。

沉 与 浮

2005 年,正值巅峰的搜易得被爱国者收购。也是在这一年,搜易得自断手脚放弃自营业务做平台招募加盟商的隐患发作。随着加盟商不再交钱续约、经营团队大规模离职,搜易得开始一蹶不振。这一年,郭洪驰选择离开其一手打造的数码江山。究其所以然,搜易得为什么在这么短的时间内忽然直跌低谷,李树斌认为搜易得选错了产品、竞争对手和经营模式。在加盟商产品的质量和售后难以保证,国美等大中竞争对手疯狂价格战,而且四大门户商城的广告效果下降、费用攀升的内外环境下,搜易得在加盟商的叛离中败下阵来。

郭洪驰的答案则更直接:"有一次,爱国者冯军跟马云跑到西湖论剑去了,回来说不行,我们要换方向,要做成淘宝那样的。我心想,坏了……"

这一坏,郭洪驰蛰伏了两年。

直到 2007 年,他被李钟伟邀请加入 ShopEx 担任公司副总裁,这个动作甚至被评为 2007 年中国电子商务十大事件之一,足见郭的江湖地位。

只是,当时的 ShopEx 并非如今跟淘宝等平台紧密合作的第三方服务商,而是立志要做成淘宝2.0的国内独立网店系统软件商。在商派的一年多,郭洪驰一手建造了其销售体系。当时的商派主要致力于怎么搭建一个网站,而且现实环境是,有大量用户,但没有那么多交易。这让做了三年销售、五年线上零售的郭洪驰感到不适应,"这跟自己过去积累的东西不同,我不是产品型或者技术型的人,我觉得自己不能给公司更多的价值,做零售方面的操盘运营可能更吸引我"。

2008年年底离开ShopEx,郭洪驰开始酝酿创建一个零售B2C网站。同年底,他创建时尚百货商城千寻网,由韩国SK电讯投资,网站主打理念是让用户购买在国内买不到的品牌商品。有数亿元雄厚资本做后盾,郭洪驰负责做网站的模型设计和团队搭建,他再一次信心满满,豪言找到了国内品牌服饰垂直B2C领域的空白,2009年可以实现1亿元销售额。但,际遇又一次跟他开了个玩笑。千寻网上线时间不长,郭就发现自己和资本方的分歧太大。之前创建搜易得吃过一次亏,郭认为长期依托国外所谓的时尚产品是没有生命力的,必须要自己有货有仓储,但出资方坚持不做仓储且只卖别人的货,而且管控方式强硬。2009年6月,郭洪驰出走千寻网。

走西街

现在的郭洪驰喜欢一个词儿:13不靠。这词衍生于麻将术语,指起手13张牌哪跟哪都不挨着。麻将如人生,人生的道路和结局并不全靠起点。有人起初拿了好牌但终局不和,有人起点狼狈却可逆转。老郭想起千寻网如日中天时曾想收购韩都衣舍,但如今再看,反而是财大气粗的千寻步履蹒跚。他说,互联网的竞争市场中,草根总是最终留下的。

2009 年 12 月 23 日上线的运动服饰品牌商城西街网，是老郭的第三次创业，这一次，他再度回归了草根。西街网开始的定位是一个运动品牌渠道商，怎么做，先找货。国内的运动品类，几乎国际一线品牌的产品是被百丽、宝胜、劲浪、彭达等几个大的国内供货商把持的。起初，老郭挨个儿找这些供货商谈，但 2009 年那会儿，想找宝胜子公司的城市分部负责人，都见不到本人，还要先跟其业务员谈。但每次谈好一个销售量，老郭都能超额完成 KPI。一年多后，西街网总算撬开了运动品牌的市场，终于能跟这些供货商高层坐下来谈个年度合作框架。

除了销货能力，西街网最打动供货商的是其库销比要好于传统零售商。以百丽为例，库销比基本上在 1：6～1：8 左右，但西街最好能做到 1：3，平均也能做到 1：4.1。通过高周转率，货品有了足够的推力能力，再加上丰富的运营经验和销售渠道，可以快速推出去。

2011 年，鞋类垂直 B2C 竞争空前激烈，乐淘、好乐买和优购网，占据第一军团且都有融资作为后盾。虽说西街定位不只是鞋类，但运动品类始终绕不开这个主要品类。眼前劲敌磨刀霍霍，郭洪驰却看到了一个不需要狭路相逢正面对抗的突围点：放弃做运动渠道品牌，做供应链整合商。

早在 2010 年 4 月，在淘宝分销还没有发力的时候，西街网就已经做了一个单独域名的分销平台，同时对接供货商和分销商，西街逐渐炼出了自己的竞争门槛：以技术手段为驱动，在上游搭建供应链和仓储体系网，下游打通跟主流 B2C 平台的销售通路。这个系统让西街在商品整合和流通的效率上大大提高，而且具备了运动品类扩充到全品类的快速销售通道。"不论你是淘宝店，还是 B2C 自建官网，想要在天猫京东苏宁易购卖，都可以通过西街网。"西街网总裁助理邓思佳解释说，西街相当于在网络零售渠道中建了一条高速公路，可以跑运动产品，也可以尝试其他品类。

从品牌退守到渠道，西街网不再是个 B2C，更趋近于一个供应链服务商。对于分布在淘宝及其他平台的中小分销商而言，西街可以一站式整合多品牌多品类，大大降低它们跟品牌商合作的难度，同时利用系统对接帮其卖货。西街网用自身的高周转率赢得了渠道链的价值，帮助品牌商、供货商、渠道商建立可以支撑电商的货品、仓储物流和服务体系。庞大的品牌货品供应，带来的自然流量是巨大的，一搜都是西街的货。

至此，郭洪驰终于依靠自己的务实技术派作风，在网上零售领域走出了一条差异化道路。而他花了三年建立的供应链系统，在业内也已做到领先，但老郭依旧很谦虚："我们做这个，是不是因为我们足够好？不见得，是因为我们更早发现了这个环节的价值。如果淘宝或京东来做，兴许做得更好，但我们做到平均水准之上，就更有生存机会。"

老兵的节奏

从 2000 年创业至今，已经 14 年了。郭洪驰却说，不累，只是忙。现在被大家尊称为创业老兵的他，也用足够的时间和经验换来了一家稳健企业的节奏感。2010 年年底，有几个投资人找到他，说你的团队很好，业务成长也不错，就是模式不够创新，规模不够大。看是不是能加入团购或者限时特卖的部分，那些模式有爆发式增长。老郭回头想了想，还是决定老老实实按照自己的节奏来，才有了现在自成一派的西街网。

从做零售,到服务零售,老郭对组织架构也做了大的调整,砍掉了运营和市场团队,转而把人力重心放在驱动商品的运转速度上。当然,这在渠道链条中是个苦活儿,毛利很低,成本要一点点抠,"仓储成本都精到分了",但2012年西街网实现了盈亏平衡,11月更是实现了盈利。在京东、淘宝等综合平台购买的运动产品,有5%的比例是出自西街的仓库。

从供应链上游到技术运营再到前端销售,西街不是一家特别有爆发力的公司。在郭洪驰起起伏伏的时间里,电商亦大浪淘沙,有后起之秀,也有前浪旧梦。正如业内同行常说的一句话,经历过成功亦经历过失败的人创业总是比只经历过成功或只经历过失败的人更靠谱。如今的郭洪驰,拥有的是经验和资源,他知道人不可能永远作正确的选择,只能基于环境和团队做自己擅长的事。

从不过分压榨现在,总是善于布局未来。10年一梦,郭洪驰懂得活下来才可能拥有一切。老郭说过,有时候站在原地是最佳选择。

（文 | 吴慧敏）

第四章 活下来的人才可能拥有一切

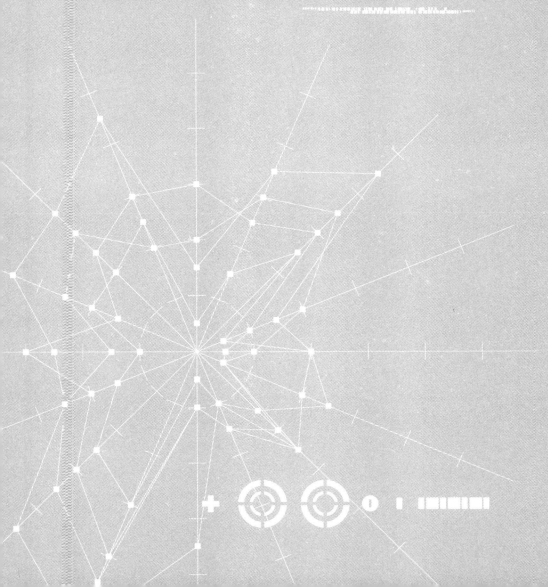

第五章

转战四方，不变的是互联网情怀

于　刚
卖掉 1 号店以后

　　10 月 26 日下午 1 点半,上海嘉里酒店浦东厅里 300 个位置座无虚席,很多人由于没有座位站在了两侧走廊上。这是沃尔玛增资 1 号店的新闻发布会,吸引了上百家媒体。持续将近 1 年的收购案终于尘埃落定,沃尔玛以 30 多亿元人民币入主 1 号店。

　　大红色背景板前,瘦削的于刚正接受着记者采访。他两眼炯炯有神,脸上一如既往没有表现出太多的心情起伏。创业 4 年来他一直低调沉稳地推进着自己的宏图大计。

1 号店估值 100 亿元

　　沃尔玛以 30 多亿元的价格购买 1 号店 33.3% 的股份,也就是 1

167

第五章　转战四方,不变的是互联网情怀

号店估值达到 100 亿元人民币。

这一估值是个什么概念？作个对比就能明了了。当当网上线 13 年，目前在美国纳斯达克的市值约 40 亿元人民币。而 2009 年 1 号店出售股份给平安集团时作价 1 亿元人民币，3 年时间，完成了 100 倍的跳跃。用火箭速度来形容一点也不为过。

1 号店是如何做到这一跃升的？

2007 年，于刚 48 岁的本命年，放弃戴尔高薪，着手做电商。这个时间已经很晚。这不仅是针对他个人的年纪而言，更是从当时的市场格局来看。2007 年国内电商业，最有可能赚钱的平台电商已经有淘宝，这是不可撼动的大航母；垂直电商中，图书有当当网，3C 有京东商城，服饰有凡客诚品、麦考林，容易切入的领域基本都已被占。

"从细分品类入手之后还是要扩张，不如直接从品类繁多的超市入手。"于刚当时有考虑过从 3C 入手，这个行业自己最熟悉，但是会直接与京东商城竞争。于是最后他挑选了与生活息息相关的快消品，也就是超市百货。简单说来就是把超市搬到网上，用户点点鼠标就能买到"柴米油盐酱醋茶"。

在做商业计划书时，他认为最大的难点是多品类商品的供应链管理，一年多的亚马逊副总裁经历让他见识到了全球最先进供应链的管理模式，所以最大的难题在他这里也迎刃而解。

因此，从公司创业之初，他就和团队开发出几十套系统进行管理，大到物流、仓储、比价系统，小到快递员、客服的考核系统。1 号店的快递员需要考核及时率、成功率、破损率、遗失率和客户满意度。其他公司顶多考核客服客户满意度，而 1 号店还需要加上 1 次解决率、24 小时问题完整解决率。这些全部通过系统记录在案。

记者在 1 号店看到,客户在网上下订单后,10 分钟后仓库拣货员的手持终端上就出现订单内容,系统会列出最优拣货顺序,拣货员只需推着小车,按照次序拿货,然后放到传送带上,传送带会将其送到包装员手上进行包装。只需 10 秒钟,一瓶洗发液就被五花大绑,可以安全上路了。从订单下达到货品出库大概半个小时时间。

"这个系统是结合了亚马逊的供应链管理和中国本土化特点研发的。"于刚一说起这套系统就充满了自豪。

不过在创始阶段,这简直是"杀鸡用牛刀"。有创始员工告诉记者,当时公司一天才几笔订单,还要求大家做数据挖掘。"这个有什么好挖掘的,有这精力还不如多去开发几家供应商。"但很快大家发现,于刚是对的。

仅过了半年,到 2009 年,1 号店商品种类从最初的五大类扩展到几十类,交易量从百万级跃升到上亿规模,增长近 30 倍,员工人数也从百人增加到上千人。如果没有系统运作,管理将是一片混乱。

正是这套系统吸引了沃尔玛的目光。在新闻发布会上,沃尔玛全球总裁兼首席执行官麦道克称:"沃尔玛看中的是 1 号店较为成熟的供应链管理。"

有了筹码也需要运筹帷幄才能制胜千里,桥牌高手于刚谋略一流。

2010 年,随着业务发展,1 号店面临着资金困境,于刚四处找钱。

同一时间,沃尔玛启动收购中国线上零售企业计划。

沃尔玛自身有庞大的采购链,在中国要做的只是建起供应商系统和仓储物流系统,但是这起码要花两年时间,两年时间在电子商务行业太漫长。所以不如直接购买成熟的供应链。

它首先接触的是京东,谈了半年多,双方因为在控股问题上无法达成一致而谈崩,沃尔玛就把目光对准了1号店。

　　机会来了!据知情人士透露,为了与沃尔玛谈出高价,于刚来了一招"声东击西",先与另一家机构谈,在确定估值之后再来一招"骑驴找马",开始与沃尔玛谈判。这边厢拖着协议不签,那边厢以此作为谈判筹码谋求更多资金。

　　经过一番博弈,谈出了30多亿元的出让价格,远远高出市场预期。

　　但商务部起初并不认可这场交易。沃尔玛控股中国企业涉及反垄断调查。增资案提交到商务部一年多迟迟未有批复。

　　拖到2011年,阿里集团的天猫超市横空出世。

　　据知情人士透露,2012年6月份,1号店的资金处于断裂的边缘。

　　此刻,1号店内有近忧、外有强敌。

　　为了促成商务部的批复,于刚充分调动自己的人脉关系,请来上海市高层,游说商务部。

　　最后,商务部有条件地同意了此次增资。

　　于刚顺利过关,完成1号店的身价三级跳。

于 刚 的 大 野 心

　　于刚离开1号店只是时间问题。但他的电商之旅并未结束,新的蓝图正在铺陈。

　　沃尔玛增资后,1号店的股权结构变更为:沃尔玛51.3%,平安44.3%,于刚及创业团队4.4%。据知情人士透露,沃尔玛与于刚的协议中规定,2013年于刚将被迫辞去1号店董事长一职。

　　对于电商,于刚显然没有玩够。"我从没想过离开1号店。"当记者抛出"离开"话题时,他显然不愿意触及。在于刚心里,1号店是生命中无法割舍的。而事实上,他也正在以另一种方式延续1号店。从2011年开始,于刚就已经开始布局平台业务1号商城。

于刚发现,网络超市利润微薄,而供应链投入巨大,实在太难挣钱,依靠返点的开放平台或许可能成为电商决定胜负的关键。于刚将1号店"店中店"比作质的飞跃。资料显示,亚马逊来自开放平台的营收已占到40%的比例,而利润所占比例则要远远高于40%。按照刘强东的规划,京东商城未来POP的收入将占到50%,2012年的收入会达到140亿元。

2012年8月份商务部关于增资案的批复加速了1号商城的推进。商务部规定:沃尔玛收购1号店成为控股股东,必须履行的义务包括:一是此次收购,仅限于利用自身网络平台直接从事商品销售的部分。二是在未获得增值电信业务许可的情况下,沃尔玛在此次收购后不得利用自身网络平台为其他交易方提供网络服务。三是此次交易完成后,沃尔玛公司不得通过VIE架构,从事目前由上海益实多电子商务有限公司(益实多)运营的增值电信业务。

也就是说,沃尔玛收购的1号店部分只能从事自营业务,平台业务中的1号商城、1号团、名品特卖这些属于电信增值业务,不在此列。这部分业务留给了于刚。

2012年于刚在上海注册了上海传绩电子商务有限公司,将平台业务资产全部注入其中。

曾带领1号店跑出了惊人速度,如今变换跑道,一样需要飞奔。

9月27日中午12点,张江费尼阁餐厅包厢内,于刚与统一、山西水塔醋业、爱肯牛仔、上海嘉果贸易有限公司的相关负责人坐下来共进午餐，谈了深入合作的事项。于刚还兴致勃勃为水塔醋业代言，并现场拍摄了代言照片。

在采访中，于刚说自己是"现实主义者"。他年少时的理想是做科学家，本科和硕士念的都是理论物理，不过，在博士专业上却选择了决策科学，属于管理学范畴，前后大相径庭。他说道："我喜欢付出的努力立马能获得成绩，这样才有成就感，研究理论物理，周期太长，可能我在有生之年都看不到认可，我不喜欢这种感觉，上了大学我就发现自己的性格并不适合'科学家'，我更喜欢创业，短期内就能出成绩。"

网络超市的未来

1号店转型商城也是迫于无奈。短短4年内1号店异军突起成为中国网络超市当仁不让的代名词，但与此同时，于刚本人也承担着巨额亏损，赔本赚吆喝的窘境让他非常郁闷。

有人算了一笔账：1号店的客单价是100元左右，后台没有毛利，只有做大了供应商才会给你返利；前台毛利10%，一单顶多赚15元；普通包裹只有两三斤，但是1号店的有七八斤，又大又重，每单的成本至少8～12元人民币。物流成本去掉10元，剩下5元钱，要覆盖运营成本、研发成本、推广成本，每单亏的不下10元。

与线下超市一样，1号店的利润可以分为前台毛利和后台毛利。前台毛利来自商品的进出差价，而后台毛利主要靠厂家返点、上架费、促销费用等。1号店的另外一个盈利点是为供应商提供营销服务，收取广告和推广费用。这是网上超市1号店同时作为一个信息媒体特殊的价值。

但迄今网络超市没有成功的案例。2011 年,天猫超市开业,当年 11 月 11 日活动导致其爆仓一度关闭。次年重新开张,定位本地化服务。吸取教训,当年光棍节活动限单 2 万个。天猫超市掌门人郭大路说,超市可以有效增加天猫的用户黏性,至于盈利,可能性不大;2012 年 7 月份,申通爱买网超上线,由于商品少、支付不畅,用户体验太差,上线仅 2 个月就关闭。

就全球来看,零售业巨头沃尔玛的 2011 年在线业务占全球销售额为 1/10 都不到。沃尔玛内部人士坦言,购买 1 号店只是作为提高用户体验的一个方式,目前肯定不会成为业务主战场。唯一盈利的是亚马逊,它花了 7 年时间实现盈利。

有专家支招,网络超市应该由线下实体店来经营。原因在于零售快销品有较强的地域和时效性因素,通过邮包递送的方式难以保证便捷的用户体验。而要提供快捷物流递送必须在各地大量建立仓储和配送中心,这样成本很高且互联网的优势不明显。相反,已经有线下仓储配送渠道的连锁超市正在探索是否有可能直接通过淘宝这样的零售平台更有效地进入这块市场,而不必像 1 号店那样独自承担初期网站建设和大量仓储物流建设的双重巨额投入,这才是最值得关注的。

(文 | 杨玲莹)

第五章 转战四方,不变的是互联网情怀

【独家心得】

线上超市，出"新"不难

于刚 文

当很多人认为网上不适合做超市的时候，1 号店从最初的日用品出发，开始尝试做线上超市，而这几年来，人们发现当初被很多人不看好的网上超市，恰恰能创造新的利润点。而这归功于，我们不仅仅是将线下超市搬到线上，而是不断地尝试创新。在实践中，我们也发现，创新的难度在于你是否敢于坚持创新。

服务模式出新：对于线下的超市，很大部分是取决于品类多、产品全，同时大部分是快消品。1 号店在做网上超市时，以大品种、快消品方式切入。因为海量的商品，体积大、分量重、易漏和易损等客观因素，这些其实并不利于线上超市运作，但难点就会成为你的核心竞争力。其次，在服务上做了大量创新。比如在 1 号店上有药网、医网、手机充值、信用卡还款、银行转账和水电煤缴费等。相比于线下超市渠道，顾客可以一站式完成生活所需产品。

我们曾尝试情景营销形态，2012 年 3 月 20 日，在做了一次家电促销后，顾客对于我们卖什么有了直观的概念，于是我们就做了一个模拟场景，所有的商品都摆在厨房里，顾客一目了然。

多种商业模式并存：严格意义上说，要抓住用户黏性，一种商业模式很难满足所有顾客和商家的需求。因此，在 1 号店上线之时，就明确了系统和流程的柔性。所谓的柔性就是让系统不仅能够同时容纳很多商务模式，更能迅速引进新的商务模式。在商业模式的尝试上，我们同时孵化十几个项目,看哪些项目可以生存下来,不好的项目就淘汰。现在1号店发展非常好的项目,如掌上1号店、虚拟超市、店中店、名品特卖、1号团、企业频道以及 EPP(企业内购平台)等都是慢慢孵化出来的。

比如 EPP,是专门为一些大企业提供产品服务的频道页面,当一些几万至几十万员工的大企业,成为我们的 EPP 客户后,这家企业的员工通过这个频道购买产品,就可以享受更优惠的价格等特定服务。而企业则通过这种形式给自己的员工创造一项福利,商家也借用这个频道推广自己的品牌和商品。

配送多元化:对于超市的海量用户,用户的选择点是不同的,在配送方式上,我们采取了多种配送方式并存的模式,比如半日达、一日三送、夜间配送以及指定时间配送等。这里值得一提的是"Last mile"(最后一公里)和"First mile"(第一公里)的配送。我们在30多个城市有140多个自配送站点,送货及时率达到98.6%。

"First mile"(第一公里)是我们自己到供应商那里取货的方式。这个好处在于我们可以在想去的时候就去取货,这样就可以增大取货频率,加快库存周转,提高产品充货率,降低仓储成本。同时,将仓储能力、配送能力、采购能力、系统能力、CRM 能力打包,可以给商家提供服务:"Service by Yihaodian (SBY)。"比如说有的商家有电子商务能力,只需要用我们的仓库管理系统,或者用我们的配送,或者直接把商品放到我们的仓库。而有的商家不知道如何运营电子商务,希望我们完成整个订单履行过程。

最后在仓库运营、配送方面有大量的创新,比如,全流程的 RF 操作、自动分拣、语音分拣、波次拣货等。通过这些创新行为,我们大幅降低了运营成本。

企业文化和体制的创新：如果让我挑选一个这几年我们企业做得最正确的决策，我会选"把顾客体验指标与我们所有的员工薪资奖金提升挂钩"这一项。这个项目让我们的顾客体验指标从 2011 年年初的84.4％左右上升到年底的 89.2％。

在具体执行过程中，这个项目遭遇了很多反对意见，但是我们坚持颠覆以往惯有思路，足足推动了近 3 个月的时间，才看到显著的成效。而现在，这个制度让我们的顾客体验 2011 年就从 84.4％改善到了89.2％，2012 年又提升到 92％。所以说，不仅是在文化上植入创新基因，同时在体制上我们也可以有大量的创新。

其实创新并不是一个时髦的词，而是企业必须具有的能力。尤其是对电子商务来讲，创新直接关系企业的生死存亡，今天不创新，也许明天就被淘汰。

从猛买到美团，剑指实物团购

"当时摆在我面前只有三条路：一解散，二裁员，三卖掉公司。"

2013 年 5 月，立夏后的北京雾霾天气越加肆虐。而这时候张智勇心中的世界，恐怕比北京的天气还要纠结，因为他为之努力了三年的创业项目——猛买网经营不佳。而篇首的那三个选择，正是他谋划的三条出路。

现在看，答案已水落石出，7 月初猛买网关站，张智勇本人加盟美团网，负责后者的实物团购业务。这次并购在电商行业引起了很多人的关注，由于猛买网一直以实物团购为重心，因此无法不让人联系上这样一个话题：美团即将发力实物团购，目标直指"千亿梦想"。

"我加盟美团一个多月以来，王兴并没有给过我 KPI 目标，现在美团网的实物团购的销售额不到美团总销售额的 5%，可以说现在美团还是以本地服务为重心。"从这番话来看,至少目前美团网还没有出现战略上的转向。但无法回避的话题是,美团并购猛买,是美团网需要一块人才拼图,一个弥补现有结构中的精通实物团购的人。

张智勇就是这样一个拼图,从他本人的经历来看,被收购并加盟新团队也不陌生,更像一次似曾相识的"归来"。

大 兵

早在 2006 年,张智勇就体验过一次"被收购",亿玛作价百万元收购了他在大学里无意中鼓捣出来的导购网站易购网。

大学时期,他学的是一个神奇的专业:社会学。说它神奇,因为当当网李国庆、京东商城刘强东都是这个专业出身。"这个专业做电子商务,应该完全是闲出来的",大二之后他就没进过课堂,每天在校外上网、混迹论坛、写博客。

2000 年年初的互联网,充斥着野蛮生长的躁动气息,当时最火爆的社区当属 Donews,很多如今的互联网大佬都曾混迹于此。当时张智勇应该是其中的"异类",至少他自己都不清楚他在和谁争论那些互联网新鲜事儿的看法,他也会写很多有关电商发展的文章,就这样他成功吸引到一些行业内的从业者关注。

"后来发现当时沟通的比较多的,除我之外都是一些公司高层,只有我是学生",在电商业态并不丰富的背景下,当时为人所知的电商网站也仅有当当、卓越、8848。这就显得尤为可贵,事实也证明这段时间的人脉积累对他后来的职业生涯很有帮助。

但要说促成他跨入电商的临门一脚,其实是一次购物经历。"买东西的时候偶然搜到一个当当优惠券,我就做了一个静态网页收集和展示优惠券,放在网页上给网友用",靠着这个页面我每个月都会通过 CPS 收入几千块。后来他发现自己只会写静态页面,不会写后台程序,于是就把页面改成了论坛,让网友把发现的优惠券都放进论坛,这就是易购网的前身。随着用户数量增多,就推出购物返点,就这样易购网一不小心成为当当联盟最大的"淘宝客",犹如今日美丽说、蘑菇街。

因为做"淘宝客"的成功,大四他便得到了当当网和 8848 的垂青。当时的当当网规模已经有 300 人以上,年销售额数亿元。因为对当当的熟悉,他选择了去急速发展的当当网做市场经理,从联盟到论坛,从论坛到 SEM 推广全部由他负责,让他有机会学到了很多东西,"那段是我人生中最充实的时间"。

但"当当时代"却也不是完全的快乐,比如说面试时曾说到的可能有的期权就没有兑现。当当网一直对期权控制得非常紧,2005 年当当上市前夕,他才想起曾经的许诺,在获知自己没有期权的时候,失落感油然而生。

恰好这时候,亿玛出价收购易购网,张智勇便从当当网离职,随着易购网集体加盟了亿玛。

说起卖掉公司的这段经历,他起初并不愿意。但是创始三个人里,只有他主业是在当当网上班,平常不在易购网管事,却拿着 80% 的股份,因此大家觉得不公平。当亿玛出价百万元给月薪 8000 元的张智勇时,面对"巨款",他选择卖掉公司并不意外。

亿玛时期的开始,他做的是在易购网的老本行——CPS 总监。随着 CPS 业务火爆,逐渐超过 CPA、SP 部门的收入,他也逐渐升职到了副总裁，可以说他是看着亿玛从几十人的团队发展为行业老大的。

而经历了所有的张智勇变得渐渐沉默。

在当当，亿玛的市场推广部门努力了六七年，已经轻车熟路，可是营销对于电商而言仅是冰山一角，他觉得自己成了一个看客。"想尝试很多东西，想去做 B2C，想去做后端"，白羊座的冲劲又一次爆发，他决定离开。

不能不说的是，他冲动地离开，甚至对未来并没有具体打算，但其中也蕴有理性，"我的职业规划，是大公司小兵，小公司大兵，大公司大兵"的一条路。在当当是大公司小兵，在亿玛是小公司大兵"。

不难看出，下一步就是去百度、阿里去做"大公司大兵"。

"当时想去的就是百度有啊，去和李明远聊了之后却石沉大海。这让我觉得非常有挫败感"，没多久后却发现百度本身就要准备放弃这块业务了，才觉得释怀。于是他将自己给百度有啊做的战略规划放到了网上，这篇文章吸引了包括阿里在内很多电商企业的关注。

他当时选择的机会其实很多，但因为京东跟当当体量相差无几，而且当时的京东也不会给他个副总裁的职位，因此"差不多量级的 B2C 也都没考虑"。他曾考虑过阿里，"当时乔峰想约我谈谈，但是我没去，原因其实都不好意思说出来——不想离开家"。

这让他没有考虑北京之外的所有机会，他的家离公司一直仅有 10 分钟路程，每天骑单车上下班。就这样掂量着机会，怀着"大公司大兵"的遗憾，他选择提前出发，走上创业那条前途难卜的路。

小将

创业那么傲娇，一开始就没有给他好脸色。他才 30 岁出头，爱对战略侃侃而谈,和几个朋友集资了 18 万元,创立一个中老年服装 B2C,"这个网站是为现在的网民年老时准备的,10 年之内让年轻人给父母买,10 年后给自己买"。

梦想很美好,事实很伤感。年轻人给父母买衣服并不是那么个大市场,而且细分市场流量成本很高,转瞬之间 18 万元亏得只剩下 4 万元。

后来他总结了一下,这次迅速的"失败",还是对 B2C 的不熟悉。压货、设计、熟悉市场、营销费用、转化率,甚至找模特都让他们焦头烂额。"剩下 4 万元的时候,觉得不行了",开始用 2 万元做了猛买网,同时还做了一个儿童产品导购社区。

幸运又不幸的是,这次他赶上了团购大潮。推广本身就是他的长项,第二个月网站就盈利了,做到了 100 万元一个月,几个月后就猛涨到 600 万元一个月。疯长让人疯狂。

VC 找上来要投资但他没考虑,"估值 2 亿元你应该给我 2000 万元,占股 20%,当时 VC 想给几百万元,我觉得很吃亏,现在看当时真的已经晕了头了",其实在当时的情况下,用 2 万元半年内做到月销售额 600 万元,谁还能理智呢?

危机其实已经暗中袭来,一个极为致命的意外出现。"当时公司招了一个刚毕业的财务,他做的财务报告说公司在盈利,实际上在赔钱",错误的财报让公司管理团队选择了冒进的扩展策略,比如招了很多不产出的行政人事人员,在后期公司发现不妙的时候,就只能大规模裁员,这部分人等于是"潇洒走一回"。

疯狂的增长让管理团队出现了战略上的失误,比如对"消费者体验"走火入魔,选择了高成本的建仓。在没有任何外部资金进入的情况下，等于用自己的利润在烧钱，这使得公司的流动资金很是吃紧。此外，还曾开设过分公司、做 B2C、做代运营等许多业务，公司在疯狂中，泡沫迅速膨胀并迅速破灭。

但最终使得猛买不妙的原因，还是市场环境。"合适的成本获取流量至关重要，淘宝制定规则，可以控制流量成本。而在 B2C 领域，没有一个是老大，没有人对生态链负责"，作为流量分发的百度、360 们都在给流量提价，超过了 B2C 利润所能支撑空间。这样下来，很多 B2C 只能选择卖假货，而这触及了我的底线。另一方面，这样的环境也造成了消费者越来越不信任卖方。恶性循环之后，转化率更差、订单质量更差，广告费增长，干脆大家都没法做生意。

到了情况最不好的时候，只能压供应商款，这种情况使得公司处于随时崩塌的危局，要么只能赖着账。在这时候，卖出去已经是很好的出路。好友美团在线营销副总裁陈敏鸣建议他来美团看看，见过王兴、干嘉伟之后，美团也终于找到了一直在寻找的"那个人"。而在张智勇眼里，美团已经成为团购行业老大，是一个业务成熟的公司，正好可以满足他一直遗憾的大舞台职业经历。双方一拍即合。

（文 | 赵军）

[延伸阅读]

创业失败的救命稻草

江嘉键 文

创业本身是一件很艰难的事,即使有一个好的创业想法要成功实现也不容易。在过去,对于大部分创业者来说,能拿到 100 万元的始动资金是很容易,但当行业发展的热度消退,再加上领军企业的低迷表现(独立 B2C、垂直网站、团购等不断爆出倒闭裁员风波),即使有着雄心壮志的创业者,空有一批优秀人才和技术,往往会死在投资方后续投资没跟上,资金断链上。对于这部分创业者来说,与其垂死挣扎,不如将公司变卖或许还有项目继续执行、团队发挥余热的可能。

但创业者与投资人之间总是缺少信息及时对接的渠道或者说平台,这就好比嫁娶双方需要一个媒人的角色。2013 年 3 月创建于美国的 Exitround 网站正是这样一家帮助陷入困境的创业企业找到买主的平台,其创始人本身就是一家投资机构的合伙人。目前,该网站已经汇集了不少大型科技公司老板或高管,准备趁便宜低价"买货",更有数百家创业公司递交了出售申请,希望能得到投资人的垂怜,实现"软着陆"。

Exitround 为这些创业公司建立了数据库,潜在买主可查阅相关信息,但为了保护待售企业的数据安全及隐秘性,关键信息都是匿名的,只留下部分可参考的,如创业者的毕业院校、融资数量等。网站作为平台也会推荐一些获得 VC 支持,或创业孵化器青睐的企业,收购方看中某个项目后即可给对方发站内信,进行下一步沟通。

其盈利模式也比较容易理解,即收取中介费,只是收费对象比较新奇,并不是收购方或被收购方企业,而是向被收购后加入新公司的员工每人收取 1 万~2 万元美元的费用。大部分被收购公司的员工也乐意支付这一费用,因为到达新公司后,他们都会得到一定额度的补偿,且薪资也会有所提升。从收费方来看,也可以发现 Exitround 和以往注重资金合并的融资平台不同,其注意力更集中在人才和专利技术的合并。

对于被收购方而言,获得大公司的支持后,自身的技术和团队仍可以继续进行,或许还能仰仗大公司的平台获得更大的发展空间;而对于收购方来说可以低价获取优秀人才团队和专利技术,扩大自身规模,何乐而不为呢?其实这种基于人才和技术的收购案在 TMT(互联网科技、媒体和通信)行业非常多见,如 Google、Facebook 等近年收购了很多创业型小团队都是看中其某一项技术或专利。国内也不乏此种案例,阿里、腾讯等大公司都或多或少吞并过小型创业团队。至于类似 Exitround 的推荐平台,国内熟知的有科技网站 36 氪的 36 氪+,《创业家》的 i 黑马,飞马旅等,它们在商业模式上,各自的盈利方式有所区别,36 氪收中介费,i 黑马有黑马基金入股创业项目,飞马旅可帮助创业公司找投资方,同时也以微股份形式入股企业。但它们又都有一个共性,以媒体作为基础。或许这与借由媒体便于传播和积累人脉有关。

回到创业者本身,虽然融资平台和投资人的增多似乎在传递这样一条信息:创业失败了没关系,大不了找家公司把你收了。但假如你的项目或团队本身没有亮点,哪里会有投资方看上你?因此,创业者在求收购前,还是先判断下除了缺钱外,自己拥有的团队和做的事是否都有价值,变卖只能是最后的救命稻草。

王治全
再见,库巴!

电商圈很少寂寞,但战火硝烟弥漫之下,总有黯然或淡然者。

2012年上半年,高举3C和家电类目对攻大旗的平台数量为历来之最,但在第一军团的榜单里,还是能看到库巴网的名字。只不过,这家前身为"世纪电器网"的家电网购平台已经变身为"国美的库巴",其6年多来的掌舵者王治全,于3月6日宣布卸任库巴CEO一职;5月2日,其手中库巴剩余的20%股权被国美电器收购。也就是说,王治全和库巴,仅剩下一层创始人的关联。

当创业公司发展到一定阶段有机会被大公司并购,创始人还能拥有多少控制力? 一年多前,王治全曾拿这个问题请教过达能的何伯权。最终,他选择了公司的发展和规模。2010年11月,库巴被国美并购,在此基础上,库巴2011年的交易额突破20亿元。如今,渐失掌控的创始人潇洒出局,奔赴他下一个创业新项目。但对于电商这个圈子,王治全有话要说;对于创业这个游戏,王治全已经备好了新玩法。

再见到王治全,还是在北京石景山台湾街的上岛咖啡,他依旧喝云南普洱。这是他卸任库巴 CEO 后游山玩水偶尔在北京见客的固定场所。他说,人们经常会选择更容易做的事情,而不会做更有前景的事情。他已重新创业,选择做更难但也更有前景的事。

（文 ｜ 吴慧敏）

活过明天，才能拥有一切：中国电商企业家的创业之路

【独家心得】

垂直电商，会设计出自己的出路

王治全 口述　吴慧敏 整理

价格战打得厉害是因为没有巨头

低价没有错，错的是打价格战。低价不意味着低利润，没有对产业链进行整合，只是打价格战，是没有意义的。眼下价格战打得很厉害，这是因为细分到一些领域，行业里没有真正的巨头。比如家电 3C，京东商城占了 20％市场份额，但苏宁易购、易讯、国美、库巴、天猫电器城也都不小。这个行业在互联网销售应该是过千亿元的，目前行业里谁有 50％的份额吗？没有。正因为这样，所以谁都不敢提价。因为贸然提价，如果有一家没有形成默契，市场份额就会向低价倾斜。这是个高度标准化的市场，同样是卖索尼，凭什么你就要卖得比别人贵？就算你物流服务强一些，但大家真的需要那么快吗？

大家都很可怜，不知道这场硝烟什么时候结束。其实大家都扛不住了，总有人忍受疼痛，率先提价。或者说更有智慧，走更细分领域。

国美和苏宁的优势属于相对优势

品牌商是很现实的，只要平台的量够大，就会有好价格，在 3C 数码手机这个领域，京东不会比国美、苏宁差。大家电领域，国美、苏宁会有一些优势，但不会很大。

　　对于国美和苏宁而言，要使线上销量增加 10%，线下销量也许得跑掉 50%，但这是必需的。大家要达成这样一种共识：电子商务就像空气一样不可缺少。正如在 100 年前，大家不会觉得电是不可或缺的，但到今天你就无法想象没有电的生活。当企业开始拥抱互联网时，那些线下体量大的只能到线上继续开大卖场，这是宿命。线下市场被蚕食得很厉害，但你不做线上，别人难道就不做吗？如果国美和苏宁不做线上，今天会更悲惨。

　　家电价格的拉低，是国美、苏宁参与后才真正拉低的。2008 年之前库巴的毛利率还是相当不错的，后来竞争者多了之后，毛利越来越差。国美、苏宁 20 来年的竞争，结果主要是毛利越来越低了。谁赶超谁只是规模的数字游戏而已，大家的净利润是在走低的。

库巴，我已经放下

　　整个电商环境都在冲规模，如果库巴还在我完全掌控中，会不会做得好一点？我觉得还是很难，因为我根本没有精力。我在库巴的后期非常纠结，一帮兄弟，素质都不错，做了一个这么累这么辛苦的生意，利润率这么低，价值在哪里呢？当然，我们对帮助抑制国内 CPI 起到很大的作用，对于消费者来说是有价值的。可是我们的个人价值呢？我们处于一个很不幸福的状态，真的是靠强大的内心在支撑的。

　　数以亿计的生意，我也规划过，先做规模，再做人群细分，再做供应链反向整合，到头来发现太难了。因为总有其他压力，网站规模的增速和企业自身成长速度是不匹配的，后者并没有那么快，作为一把手是要花巨大精力参与的。在这种情况下,我只能花时间放在希望给股东看到的方面。我们经常会做一些更容易做的事情,而不是做一些更有前景的事情。这个很无奈,但也是一定环境下的必然选择。

中国产品并没有极大丰富

中国的产品并没有做到极大丰富,因为对消费需求还没有做到细分。一些消费者到国外并不只是买奢侈品,而是有些好的产品国内真的没得卖。2011年和朋友到夏威夷,十几个小时飞过去,一位女性朋友跑到超市买了一个600TC(织数,表示纱线密度的一种单位)的床品。当时我还不理解,大老远飞过去买床品。后来回国后做了个调研,1000TC的枕头,手感真舒服,Made in China,但国内就是买不到,为什么我们的消费者不能用好东西呢?

我们本来就是电子商务大势的受益者,准备再做一些差异化的东西,定位细分人群的需求做得更细些,做一些好东西。当然,回到产品需求还是要朴实的,互联网不会再造任何需求。没有太大差异化,以后的电子商务就是水电煤。大道至朴,所以我打算做一个叫"大朴"的家居品牌网站。以前做库巴,冲规模和流水,解决方便性问题,我其实是不喜欢做这样的生意的。我以前的从业经历让我更倾向于做品牌。投那一部分买家的喜好,是我自己选择和认可的,是可以让家人朋友受益的。

家居行业没有品牌

选择家居行业作为新创业项目,是因为供应链好整合。而且,中国

189

第五章　转战四方,不变的是互联网情怀

一年家纺出口加内销的总额是 4000 多亿元,但目前这个行业中所谓品牌的市场份额不过 1% 左右,这叫什么品牌? 这个行业没有品牌,而且有很大问题。在美国,家纺发展有两个阶段,即基本家纺和时尚家纺,到今天为止是并存的。基本家纺讲究功能和品质,后者讲究设计和花色。但中国没有经过基本家纺的阶段,这就造成了一个问题:看起来花花绿绿的床品,但质量上存在巨大问题。对于国内消费者而言,想买到真正能达到五星级酒店标准的床品,国产品牌是绝无可能的。

在国外买床品,我们会看一个参数,织数 600 到 1000 都有的。国内呢? 有几个人知道织数的概念? 大家更多的是在挑花色,但实际上,织数是和面料的舒适度息息相关的。消费者买床品,是为了舒适、保暖、安全,不是为了买那朵花。国内的品牌都做织数很低的床品,就拼花形,一样销量很好。一些家纺的上市公司毛利可以做到 40%,而且还是隐藏利润的,净利可以到 15%。而消费者呢,家里的装修简约纯净,一看床品就美艳无比,根本就不搭配。所以我觉得,只要回归消费者最本质的需求,可施展的空间很大。

垂直电商是有机会的

美国每个垂直领域都有不错的电商。国内现在的问题是,大部分的垂直电商没有特色,做得不够好。咱们电商风起云涌,时间很短,今天扳起指头数,垂直电商也就四五年的历史,商业模式设计和出路还没有得到一个爆发,但我觉得以后是有机会的,哪怕是平台型的垂直电商。

做"大朴",我就打算慢慢做。我对于产品的质量要求是苛刻的,床上用品是拿日本最高要求做标准的,国内常用床品的甲醛含量低于75mg/kg 就可以用了,但别的国家要求是 20mg/kg,我希望我做的产品是后者,更苛刻的我们会做到 8mg/kg 左右。我们的定位人群比较窄,中端偏上人群,售价不会像线下 8 倍那么高,但相对而言会收获不错的毛利。我选的工厂都是行业内顶尖的老厂,它们做的一些床品毛巾,在国内是没有第二家的。我不能卖没有差异的东西,我的东西不可能很便宜,但绝不贵。我们要抓消费态度,前提是他有这个消费能力。

大家都在吃红利。现在的经济情况不容乐观,我们在考察中也发现倒了很多工厂,所以精细化一定是我的选择。我愿意把上一份创业积累的小财富用于这里。做品牌,要养很长时间,慢慢来。成不成,是另一件事。

　　12月底的北京，晴冷非常。应黄若先生之邀，在三里屯附近的一家西餐厅见面。他住在北京市郊，驱车前来近50分钟的车程，不近，但他说因为经常在这儿找朋友聊天，感觉很轻松，而消费习惯一旦养成是轻易改变不了的。采访间歇，配合摄影拍摄，需占用餐厅其他的区域，黄若忙拦到说不要影响到客人。点滴间不难发现，零售人的习惯已经融入他的生活。用前淘宝网总裁孙彤宇先生形容他的一句话说，此人已经浸淫零售几十年，流淌着零售的血液。

　　年轻时，他历任易初莲花、万客隆、天津家世界等知名零售企业高管，40岁后他投身线上，任淘宝网运营中心副总裁，并负责淘宝商城的组建，接着担任当当网COO，50岁后转身做投资人。他说，不同的人生阶段就要做相应的事情，就像20岁应该喝啤酒，30岁喝洋酒，40岁喝葡萄酒一样。

"年轻的时候我需要去跨国公司历练,那里所有的程序流程都很成熟,机会相对公平,40岁后有早期跨国公司的历练,进入本土的企业挑战做一线的操盘手,50岁以后的门槛是一个体能的问题,另外一个知识更新换代很快,我觉得应该从一线管理者的岗位退下来,转做投资人。"但是无论身份怎么变换,黄若零售人的基因贯穿始终。

两只眼睛对着消费者

2004年,网上购物还只是一种早期的现象,每年的市场规模才十几亿元。配套设施规模不齐全,商品良莠不齐,没有引起过多关注。但此时黄若注意到一个问题,网上购物消费者族群年龄非常小,大多是大学生。"我相信消费者的习惯养成就不容易改变。年轻的消费族群是零售商都梦寐以求的。"互联网一旦拥有极其年轻的消费群体,随着其消费能力的提高,比起再教育消费者,成本要低得多,而品牌忠诚度则要高得多。遵循着自身"两个眼睛对着消费者,后脑勺对着供应链"的座右铭,年轻的消费者让黄若心动了。

恰逢2007年,黄若在天津家世界的工作刚告一段落,而阿里正在寻求外部的高管人才。同年他与逍遥子、赵敏等人一同进入淘宝,任淘宝网运营副总裁。彼时,一种新的B2C品牌商务模式开始酝酿。

马云说,亚马逊是死鱼,eBay才是明天。但黄若坚持认为淘宝作为一种集市业态具有天然的缺陷,不是一个长远的商务模式,就像农贸市场的热闹慢慢就会让位给超市、百货公司一样,因此,他提出了淘宝商城的想法。创意得到了他的上司孙彤宇的赏识。

但是,当天下午 6 点,当成立淘宝商城事业部、黄若任总经理的消息传出,晚上黄若的老板孙彤宇就被宣布离职,由陆兆禧来接任淘宝网总裁的职务。"当时淘宝的 C2C 业务如日中天,是重点,老陆新上任总是抓大头,在这上面不太愿意放太多关注,商城的整个初期发展还是很曲折的。"启动资金只有 1 个亿,三四十个人在湖畔花园,只用了 100 天,做出了淘宝商城方案。

淘宝商城生在淘宝,却要长出跟淘宝完全不同的模样。第一,卖家必须是公司行为,不接受个人卖家;第二,需要品牌授权,不是品牌的拥有者,必须拿到授权;第三,因为是品牌导入的平台,商城能够对同品牌的商品总数有个控制,以一家旗舰店三家专卖店的形式;第四,从盈利模式来说,淘宝之前依靠卖广告盈利,商城与卖家的利益捆绑得更紧,基本上是服务费加佣金。现在 B2C 行业里十分流行的招商联营,扣点经销,以及旗舰店,专营店,7 天无理由退换货等操作,当初都出自黄若之手。

"我有幸在淘宝比较关键的时间,一起去经历成长,探索商务模式,当时的淘宝已经过了从无到有的阶段,正在经历从有到好、从普通到出色的蜕变,这是弥足珍贵的,在这么一个对中国的整个互联网电商发展有十分重要作用的过程中,以我为主做出了一个被认为是可行的模式,这种成就感不是拿多少股票能换来的。从来没有人把平台和 B2C 的业态结合在一起,创建 B2C 品牌模式,在那个时候要做出这个模式是没有现成模板的,它本来就是个挑战。"黄若说。

离职疑云

2008 年年底,黄若宣布离开淘宝。正是商城刚起步阶段,黄若的突然离职成了当时电商圈子甚至现在依然让不少人好奇的问题。为什么要离职？"马云说英雄不问出处，但这时候必须要问出处。"黄若说。

淘宝商城上线之初只有800个卖家，8万~10万款商品，到2008年9月有2000个商家、20万件商品。那时淘宝商城商家不多，这有两个原因：一是任何一个业态刚开始的时候都有一个积累过程，另外一个是知名品牌不愿意过来，因为淘宝假货混杂。"我当时在内部说了个名词叫 beg over，我们要去作揖鞠躬，求供应商进来。"

一方面知名品牌商进不来，但是另一方面，淘宝大卖家求之不得想要进来。集团方面考虑放一批大卖家先进来，但黄若坚持B2C平台的品牌导向。"我觉得英雄这时候一定要问出处，这个不是为我问，是帮顾客问的，我怎么能保证不买到假货，只有品牌商经销商能进入这样一个办法，除了这样我想不出其他方法，这是顾客的服务最低层级，要保证品质，不是假货。"黄若坚定地离开了。

"我们在第一天所奠基写下来的商业逻辑有90％都被现在的天猫保存下来了。"比如坚持品牌、坚持资质、坚持不一样的流量入口，给用户提供更好的保证，以及同一个商品价格会略高于淘宝网。黄若最担心天猫的是明显的马太效应，天猫如何为大量中小品牌可持续发展提供空间是最需要考虑的。

离开淘宝有竞业禁止，2010年年初黄若正式加入当当。当时，当当面临两个问题，图书是一个小的类目，随着保持高速增长就要往横向延伸，这个在当当整个知识结构里面是缺乏的。当当作为一个老牌的公司一直亏损，能不能扩张的同时在短期实现盈利？黄若加盟当当网任COO，全面负责当当百货、图书的商品采购、运营及销售。在此期间，当当实现美国纽交所上市，并较大幅度提升了百货销售占比。"只有实现盈利才能在资本市场获得认可，毕竟盘子没那么大，国庆跟我聊当当要不要上市，我说 now or never 。当当那时的社会影响度很不错，且又非常接近盈亏平衡点。如果现在不上，其他平台在流量和规模上会赶上你。"在黄若的眼里不做先锋就要做先烈了。

"养 猪" 进 行 时

"做企业是养孩子，做投资是养猪。"黄若说这是他的歪论。做企业是养孩子，首先要对他有感情，就算离开天猫这么多年，只要是天猫的动态消息他都忍不住会多看看。而投资是养猪，养猪就是为了拿来卖。现在的做投资顾问的他正在"养猪"进行时。

"当你做实业的时候，90％的精力是看企业，但现在做投资 90％是在看行业。"专做投资人之后黄若的整个工作状态发生了转变。之前那个高速运转、盯紧每周每个关键数字的工作狂人，现在把大部分时间都拿来听别人说故事。"现在 80％的时间在听，15％的时间在想，真的在做只有 5％的时间。"投资人身份的黄若实际并不是一个严格意义上的投资经理人。不会直接投资，而是会参与到已经或者即将要投资的项目上给出建议，类似投资顾问的角色。目前他参与投资的项目中，最看好的是口袋购物。"无论是公司的创始人，企业模式、企业文化都非常有信心。"

经过这么多年一线的操作，黄若与别的投资人在做事方法和思维体系上是有很大差别的。"一般的投资人只能从财务的模型计算值不值这么多钱，但是对财务背后的东西，比如企业文化、跟顾客的互动能力等却不太关注。"于是，黄若也有了他特有的投资三杯茶理论。

"我的第一杯茶是，你的生意模式、商业模式是不是跟别人不一样，投资模式是风险最大但回报最大的，微创新也是创新。如果模式一样，试换第二杯茶，运营效率是不是比别人来得好。如果模式相同，运营效率就很关键，比如 UV 转化率、库存周转天数、员工产出等一大堆运营数据。第三杯是顾客存留率是不是比别人高，老顾客的回头率高不高。对于互联网企业而言，成本最高的就是为了获得用户而进行的一系列工作。如果你比别人更能够把核心用户抓住，根据电商业界的漏斗原理，顾客的回头率比别人高，就能为企业创造更多的价值。

风险与回报系数成正比，模式被证明成功，自然回报也就越高。但模式是可遇不可求的，黄若认为，投资人不能整天去找模式，但当模式机会出来时要有足够的判断力。另外，对于互联网来说客户保有率的重要性高过第二点的运营效率。

从线下的零售人到线上的操盘手再到现在的投资人，黄若完成了一次次身份的转变。但他坦言如果就工作的投入度来说，现在的成就感和激情远远没有以前来得多。所以他不排除去尝试新的身份。"我一直觉得，生命的价值在于饱满，这一生过得很饱满是靠多维度的经历来形成的。进入新的行业给我新的挑战，给我饱满感。"

（文 ｜ 陈晨）

【对话 BOSS】
别用养猪的心态做企业

Q：你认为电商最大的困局是什么？

黄若：我认为整个电子商务从 2012 年上半年开始到 2013 年，某种程度上说也许会延续到 2014 年，我把它称作中国电商的转折期。过去 10 年中国电商都经历了高速增长的快车道，我觉得这个时代过去了，没有一个行业可以一直保持超高速增长。

当这个转折点出来的时候，最大的问题是以前快速增长掩盖的很多问题都会暴露出来，当增长不那么快的时候，企业能不能适应调整，具体地讲，就是能不能用更多的精力放在日常经营上面，这个对电商企业是挑战。

我常说做企业是拉二胡，要拉好两根弦，一根是规模销售的弦，一根是经营利润的弦。但过去几年电商只会拉规模、增长、速度的弦。要追求规模、增长速度，大家都会找风投，这在行业的早起阶段，可以玩击鼓传花的游戏，但走到 B 轮、C 轮，投资人不再相信你，会出现这期的评估价格比上期还低的情况，甚至出现企业关闭倒闭被收购现象。我想说的是，以 2013 年为节点，电商的高速发展开始走向尾声。在这个更平缓发展的阶段，电商企业要怎么去转型，关注到经营的各个环节才是最大挑战。

Q：你曾经说"移动对于传统企业的触电销售，是一个全新的弯道超车机会"，这个弯道超车的机会怎么理解？

黄若：首先要从移动和 PC 的不同说起，PC 端大家都在争流量和入口，PC 端是谁拥有入口谁称王。但移动端有两层入口，这是最大的不同。对于传统企业来说，在 PC 端大家不一定记住域名，很多互联网人士靠对域名的把控做生意。移动端形式不一样，第一层入口是 Android Store，iOS 下载之后可以随时打开。传统企业没办法在 PC 端让消费者记住，在移动端下载个 App 就永远被记住了。另外，现在移动端上面没有巨头和大家，大家都是在同一个起跑线上。

Q：你从之前从事线下零售多年，是怎么看待当红的 O2O？

黄若：O2O 的结合是很好的切入点，现在说 O2O 都在炒概念，具体来说今天我理解的 O2O 有三个方面的机会。第一，客户的共享，把线上的用户导到线下，把线下的用户导到线上来。第二，商品资源的共享。线上可以有很多长尾的商品，线下就没有更多的款式可以呈现，更多的款式可以在线上体现。在线上能够呈列很多长尾和最新的元素。第三，购买场所和购买情境的互补。有些商品可能适合线上购买、线下去实现，比如家具、珠宝，也有很多是适合线下往线上导。但是不要经常就概念谈概念。

Q：你认为电商的下一个热点是什么？

黄若：第一，一定是移动。移动的很多表现方式会跟PC端不同。第二，越来越深入快速消费品，因为现在对很多快速消费品的迁移很慢，快速消费品的表现会越来越多。第三，生活服务类的电商。

Q：你觉得自己最大的优点是什么？

黄若：我做事比较有规划，也比较执着，大半辈子就做了零售这么一个行业。同时我习惯从企业现况中寻找管理的切入点和发展机会，用我自己喜欢的一个比喻：就是我把做一名好裁缝作为自己从事管理的目标，因为没有两家企业的情况是完全一样的，就像每个人都有自己的体型特征，管理其实就是一个量体裁衣的学问。

Q：2007年从线下零售业进入阿里集团，你带去的是什么？

黄若：那个时候同期进去的有几位线下出身的，包括我、卫哲、崔仁辅。就我个人来讲，我把诸如类目构建、用户行为分析等零售概念系统化地带入了淘宝，当然这是一个大家一起互动和融汇的过程，记得我们还搞过几场模拟供应商谈判，这些对于淘宝年轻的小二们是个新概念。同时我在当时很困难的环境下，坚持要做淘宝商城，并和大家一起用零售的基本规则创立了淘宝商城的运作模式（现天猫）。

Q：反过来淘宝带给你什么？

黄若：淘宝有一种菁菁校园的氛围。在这种校园文化下讨论问题更加开放，同事之间的关系很简单，不会过多地强调等级观念，特别有利于企业创新。还有就是对网购的理解，刚进淘宝时我们被要求 3 个月内必须买足 20 单生意，我不找任何店小二帮忙，自己下班后动手买，什么类目都买，3 个月下来买了 50 多单，前面 20 单大概有 80％的失误或者上当，但基本明白了这中间的道道和可能存在的漏洞。直到现在，我都是老道的淘宝买手。

Q：2009 年年底加入当当网时面临的困境是什么？

黄若：当时，作为老牌电商企业，当当在图书方面增长放缓，需要尽快寻找到新的增长点。另外，当当是小资本运作的公司，要跟例如京东这样的大资本公司抗衡必须要盈利。

Q：从易初莲花到淘宝当当，你拥有 20 多年的零售经验，那么你觉得零售的核心是什么？

黄若：效率，即在流通的各个环节，提高效率，减少成本。追求效率最大化在中国是普遍缺失的。我经常被问到店铺应该做大还是做小，我这里有个有趣的观察和你分享：大或小是空间概念，单点或多点则是经营概念。例如，在美国，小到配钥匙、修眼镜的店铺，虽然店面小，但通常都是连锁的，他们铺几千个点只做一件事，从中减少每个环节的单位成本，提高效率。而国内很多零售只是单点经营，例如北京太平洋百货卖袜子的和上海太平洋就是不同商家，也许位置好一点、面积大一点。

Q：你是如何看待现今的电商环境？

黄若：我喜欢把中国今天的电商环境区分为淘宝环境和www环境。淘内环境相对健康，绝大多数卖家在淘宝能赚到钱，他们的成本相对较少，不需要独立培养用户，虽然淘宝还是有假货销售，有税票漏洞等等，但整体上每年都在往上走，不仅仅是交易量，还有整体的规范化，用户体验，这个生态环境是在快速推动行业往前走的。而www环境则不太健康。为什么？就是我一开始说的养猪心态。你如果做投资，那你是在和钱打交道，让钱生钱，让你的投资有更好的投资回报，所以是一种养猪心态。但做企业不一样，做企业是要有兴趣、有信念、有理想的。就好比你养育孩子，孩子长大有出息，那是对你辛苦的奖励而不是你养孩子的根源。如果你带着养猪的心态，那你一定做不好企业，我们看看成功的企业，从传统行业的福特汽车，到微软，到苹果，哪一家的创始人不是用一份极度的投入和热钱在做一番事业，现在B2C行业从整体上讲，都在拼融资能力，拼烧钱，至于有多少经营效率，有什么核心竞争力，很少被认真地考虑过。我做了20年线下零售，几乎没做过地铁广告，没做过电视广告，更从来没在五星写字楼办公过，为什么？用不起，那不是零售行业应当用的。现在你看看

202 活过明天，才能拥有一切：中国电商企业家的创业之路

北京最贵的国贸地铁站台广告,有一多半都是电商,这实在不正常。

Q:有个流行的说法:"现在就是花钱买流量,今天不赚钱为的是未来更好地赚钱。"你如何看待这个说法?

黄若:这个逻辑绝对不成立。我曾经说过:今天不挣钱是为了明天更好地挣钱这话如果不加界定,那就是大忽悠。要怎么界定呢?导致你今天不挣钱的因素你明天就能解决吗?你今天烧钱要流量,那看一下现在国内哪个 B2C 能把买来的流量沉淀下来?而且,就算把买流量的费用去掉一半,为什么看到的还是亏钱?还有,规模效应,你的规模效应有没有足够来平衡你现在的亏损?还是就随口说说而已。现在有个恐怖的现象,就是电商界经常喜欢说我花钱花得怎样怎样有效率!拜托,你能不能换个题目?告诉我你挣钱的思路和机会在哪里?

Q:为什么电商圈在短短几年就经历了从投资热到投资寒冬的转变?

黄若:2010—2011 年蜂拥的风投首先是对 2008—2009 年西方经济危机的校正。而且,中国电商当时正处于一个井喷阶段,况且 VC 投资很多时候就是抢位置,赌概率,这在 A 轮 B 轮很常见。去年我从当当离开时,就有几家风投说"老黄你来做吧,只要你愿意干,立马给你 500 万美金"。其实风投没错,他们要赌这个机会,赌中国经济的溢价,但你自己要心里清楚自己是吃几碗饭的。事实情况是2010—2011年大家一窝蜂上,拿钱容易花钱也不在乎,可是老话说得好:出来混,迟早是要还的,你钱花光了,什么名堂都没弄出来,凭什么人家还给你续杯?

Q：转做投资人之后,你的投资逻辑是什么?

黄若：我只看三点:首先,商业模式上有没有创新,或者微创新。如果没有,那么运营效率例如周转率、人员管理等是不是比别人优秀。如果依然不满足,那么有没有能力在顾客维护上做得比别人更好。

Q：你对淘宝卖家有什么建议吗?

黄若：不要老带着淘宝的眼光去看待淘宝以外的线上公司,例如京东、卓越或者其他渠道。在铺设多渠道时,要有一种当年努力了解淘宝规则的韧劲去了解不同公司的运作要求,这样才能在淘外发展得更好。

【延伸阅读】

互联网思维下的营销

姚斌 文

2013 年,又一个 1000 亿元市场出现,就是无线。用户重新洗牌,PC 端的购物模式和无线端的购物模式基本不同,我们打开电脑首先登录百度或者淘宝,这个格局基本已经稳定,但在无线端,用户往往是通过各个应用的场景、APP 进入,没有非常强大的登录入口,换句话说,还没有形成稳定的入口。所以就有了我们知道的入口之战,这是无线元年的第一个特征。这个时期所有入口都会重新排序。

第二个特征是用户的重新争夺。用户的购买习惯在新的形态里会重构。还有一个就是秩序。在 PC 端,例如商家要遵守天猫的规则,如果没有遵守规则的话,就会没有流量。但是在无线端还没有这样的规则,这将会由无线端最大的平台来决定。对于商家来说最主要的点是什么?当然是流量。所以入口大战对于商家而言,是在这个入口重构的过程中商家能做什么。

所谓的入口重构有两个层面:第一就是 APP,以技术为路口。每台手机平均装有 20 多款软件,其中 80% 还会经常换。很大程度上,这属于技术层面的斗争,对商家来说并不是很重要。但是,另一个层面的竞争对商家就显得极为重要了。例如,大家每天登录手机看的并不全是微信本身,还有微信里具体的账号,这就涉及另外一个入口重构,即内容。APP 都需要用内容引导用户,关注了你的内容以后就长期成为你的客户。内容是否能吸引客户成为我们在这一次入口大战里非常重要的环节。

也正因如此，互联网时代的营销本质发生了变化。我们重新对比一下传统商业和电商商业逻辑的区别就能很明显发现这样的变化。

传统商业是非常纵向、垂直的。很多商家有供应链背景，通常先有产品，然后请广告公司做市场分析，做定位，定位完了再通过投放电视广告、报纸等传播，以及铺销售渠道、进商场等方式销售，消费者是通过广告知道产品，所以传统的消费是大而广的。但电商的行为是反过来的，因为有数据，知道客户在哪里。比如说在投放广告之前可以通过数据定位到客户，这些客户到底是谁，他们有什么样的特征等，即先定位用户，再创造产品，然后传播，而且电商行为中的传播与渠道是合在一起的，在传播的过程中获得销量，换句话说，平台其实同时承接了传统商业中的广告平台和销售平台这样的角色。

简单粗暴地说，传统整合营销的本质是一个创意加 N 个渠道投放。传统模式发展到现在，很多广告公司已经变为媒体售卖的价差，就是赚中间的利差，其中的创意越来越被弱化。但在互联网时代，营销的本质其实是针对目标人群的极致产品然后再加上 N 个用户的主动传播。

举个例子，搜狗推出智能产品，你稍微动一下手指，就可以分析整个肌肉运动的神经，上传到数据库，通过分析所有人的肌肉运动状况，由此得知你是在按哪个字母。

第二个案例，三星又推出了一款新产品——首款穿戴智能手套Fingers，中心是 3 英寸曲面显示屏，下面是 S 激光光速投影机，还包括1600 万像素隐藏摄像头、内置扬声器和麦克风、32 /64GB 存储以及各种感应器等，它还支持 5G 和 Wi-Fi 902.11WZ 网络，随时保持连接性。

现在的碎片化时间很多,比如上厕所,你可以带一个手套进去,不需要任何的其他设备,而且这个手套还防水。

第三个案例,就是百度筷子。这是一款结合百度高科技创造出来的智能搜索外部设备,可以甄别食材安全,帮助用户清晰掌握食品信息,将危害拒之体外。"筷搜"的功能主打是"食材溯源搜索"功能,在"筷搜"与你的电脑通过无线方式连接后,只需简单接触食材,就可以通过机身屏幕清楚了解包括营养成分、保质期、搭配禁忌、卡路里等关于食品的一系列信息。

以上这三款产品其实都发布于4月1日愚人节,都是不存在的产品,当然这并不代表未来也买不到。事实上,这三款产品非常触动消费者,他们会主动去传播,在这个传播过程中把整个品牌理念传递出来,例如百度的这款产品,通过视频手段把百度的智能产品部门的理念和品牌形象都传播出去,而且这样的传播成本并不会太高。这就是互联网思维下的传播。

图书在版编目(CIP)数据

　　活过明天,才能拥有一切:中国电商企业家的创业之路 /《卖家》编著. —杭州:浙江大学出版社,2014.12
　　ISBN 978-7-308-14006-5

　　Ⅰ.①活… Ⅱ.①卖… Ⅲ.①电子商务—商业经营—经验—中国 Ⅳ.①F724.6

　　中国版本图书馆 CIP 数据核字（2014）第 248538 号

活过明天,才能拥有一切:中国电商企业家的创业之路
《卖　家》 编著

策　　划	杭州蓝狮子文化创意有限公司
责任编辑	黄兆宁
封面设计	红杉林文化
出版发行	浙江大学出版社
	（杭州市天目山路 148 号　邮政编码 310007）
	（网址：http://www.zjupress.com）
排　　版	杭州林智广告有限公司
印　　刷	浙江印刷集团有限公司
开　　本	710mm×1000mm　1/16
印　　张	13.5
字　　数	156 千
版 印 次	2014 年 12 月第 1 版　2014 年 12 月第 1 次印刷
书　　号	ISBN 978-7-308-14006-5
定　　价	38.00 元

版权所有　翻印必究　印装差错　负责调换
浙江大学出版社发行部联系方式：(0571) 88925591;http://zjdxcbs.tmall.com